LEKTÜRESCHLÜSSEL
FÜR SCHÜLERINNEN UND SCHÜLER

Thomas Mann
Tonio Kröger

Von Martin Neubauer

Philipp Reclam jun. Stuttgart

Dieser Lektüreschlüssel bezieht sich auf folgende Textausgabe:
Thomas Mann: *Tonio Kröger. Mario und der Zauberer.* Frankfurt a. M.: Fischer Taschenbuch Verlag, 2000 [u. ö.]. (Fischer Taschenbuch. 1381.)

RECLAMS UNIVERSAL-BIBLIOTHEK Nr. 15309
Alle Rechte vorbehalten
© 2001 Philipp Reclam jun. GmbH & Co. KG, Stuttgart
Gesamtherstellung: Reclam, Ditzingen
Printed in Germany 2011
RECLAM, UNIVERSAL-BIBLIOTHEK und
RECLAMS UNIVERSAL-BIBLIOTHEK sind eingetragene
Marken der Philipp Reclam jun. GmbH & Co. KG, Stuttgart
ISBN 978-3-15-015309-3

www.reclam.de

Inhalt

1. Erstinformation zum Werk

Am 13. Februar 1901 teilte der damals fünfundzwanzigjährige Thomas Mann seinem Bruder Heinrich in einem Brief mit, dass er an einer Erzählung arbeite, die den »unschönen aber spannenden Titel ›Litteratur‹« trage und in einem Novellenband »Der Weg zum Friedhof« erscheinen solle. Aus diesem wurde schließlich der Titel *Tristan*, und aus »Litteratur« *Tonio Kröger*.

Für keine andere Erzählung hat sich Thomas Mann vorher oder nachher so viel Zeit genommen wie für diese. 1930 schrieb er, dass ihn allein die Arbeit am 4. Kapitel für Monate in Beschlag genommen habe. Erste vage Andeutungen über eine Auseinandersetzung mit dem in der Novelle behandelten Thema fallen ins Jahr 1898; die eigentliche Anregung dürfte aber – wenn man der Aussage des Dichters Vertrauen schenken kann – mit Thomas Manns Reise nach Dänemark im September 1899 stattgefunden haben, die ihn auch wieder in seine Heimatstadt Lübeck zurückführte. Im »Aalsgaard Badehotel« verbrachte er sechs Tage, Iwan Gontscharows Roman *Oblomow* (1859) im Reisegepäck, dessen lebensferner und introvertierter Titelheld auf die spätere Gestaltung der Novelle keinen unwesentlichen Einfluss nehmen sollte.

Zu Weihnachten 1899 begann Thomas Mann mit der Arbeit an *Tonio Kröger*, beschäftigte sich aber bald mit anderen Dingen. Erst 1900/01 – nach dem Abschluss seines Romans *Buddenbrooks* und der vorzeitigen Entlassung aus dem Militärdienst – nahm sich der Autor die Novelle erneut vor. Bald stellte sich heraus, dass der ursprünglich geplante Umfang nicht einzuhalten war – wiederum ruhte die Arbeit.

Mitverantwortlich für diese neuerliche Pause war das Aufsehen um seinen Roman *Buddenbrooks*, der inzwischen auf den Markt gekommen war. Viele Leser seiner Heimatstadt verstanden das Buch als eine Art Schlüsselroman, glaubten sich als Romanfiguren wiederzuerkennen und waren entrüstet. Diese Reaktion ließ den jungen Dichter gerade das empfinden, was auch Thema seines *Tonio Kröger* war: das Gefühl des Abgesondertseins, den Gegensatz zwischen Künstler und Bürger. Thomas Mann charakterisierte den Text später als »eine lyrische Novelle, deren Gegenstand der in einer Brust lebendige Widerstreit zwischen bürgerlich-nordischer Gefühlsheimat und der strengen, abenteuerlichen und kalt-ekstatischen Welt der Kunst und des Geistes war«[1].

Erst im Frühjahr oder Sommer 1902 ging die Arbeit an der Novelle in die zähe Endphase. Die anderen fünf Erzählungen der Sammlung *Tristan* lagen bereits als Korrekturfahnen vor, als Thomas Mann noch immer am *Tonio Kröger* feilte. Mitte Dezember war die Novelle endlich fertig.

Sie wurde zuerst im Februarheft 1903 der *Neuen deutschen Rundschau* veröffentlicht. Ebenfalls im Februar 1903 hinterließen Dichter und Dichtung bei einer Lesung in Berlin einen nachhaltigen Eindruck. Wenig später erschien *Tonio Kröger* als Schlussnovelle der Sammlung *Tristan* in einer Erstauflage von 2000 Stück – doppelt so hoch wie zwei Jahre zuvor die der *Buddenbrooks*.

2. Inhalt

1. Der vierzehnjährige Tonio Kröger sehnt sich nach der Zuneigung seines Mitschülers Hans Hansen, wie er der Sprössling einer wohlhabenden Kaufmannsfamilie. Der gemeinsame Heimweg von der Schule führt sie durch die winterliche Stadt, die unschwer als Lübeck zu erkennen ist. Offenkundig liegt Tonio dieser Spaziergang mehr am Herzen als seinem vitalen und gewinnenden Freund, dessen Interesse kurzfristig durch einen anderen Mitschüler namens Erwin Jimmerthal abgelenkt wird – was Tonio mit eifersüchtigem Missmut registriert.

Das einleitende Kapitel dient hauptsächlich dazu, die Rolle der Titelfigur zu definieren. Es handelt sich bei Tonio um einen sensiblen Außenseiter, der sich seiner Andersartigkeit aber wohl bewusst ist. So hebt er sich durch seine sprachliche Gewandtheit von den anderen ab, besonders

> *Außenseiter unter Mitschülern*

aber durch seine künstlerischen Neigungen: er spielt Violine und schreibt Gedichte, was ihn in den Augen seiner Kameraden und Lehrer disqualifiziert. Sein südlich anmutender Vorname – eine Konzession an den mütterlichen Zweig der Familie – wird von seinem Freund Hans als dermaßen peinlich empfunden, dass er Tonio in Gegenwart Dritter nur mit dem Familiennamen anredet. Während die Interessen seiner Altersgenossen beim Reitsport liegen, schwärmt Tonio für Schillers *Don Carlos*. Immerhin verspricht ihm Hans, bei der elterlichen Villa angekommen, das Drama durchzulesen, wohl mehr aus Freundschaft als aus eigenem Antrieb.

2. Zwei Jahre später ist die Beziehung Tonios zu Hans bereits etwas verblasst. Verantwortlich dafür ist die hübsche

Ingeborg Holm, eine Bekanntschaft aus der von dem affek-
tierten Ballettmeister François Knaak gelei-

*Vergebliche
Sehnsucht nach
Ingeborg Holm*

teten Tanzstunde. Tonios Zuneigung stößt
bei dem Mädchen allerdings auf kein Echo.
Die tänzerisch unbeholfene Anwaltstochter
Magdalena Vermehren, die Interesse für sei-
ne Verse zeigt, lässt ihn kalt. Von Liebesschmerz hin- und
hergerissen, fällt er in eine sehnsuchtsvolle Zerstreutheit, die
ihn bei der Übung zu einer Quadrille zum Gegenstand all-
gemeinen Amüsements werden lässt, als er versehentlich in
die Gruppe der Mädchen gerät.

Tonio weiß, dass seine künstlerischen Ambitionen ihren
Eindruck auf Ingeborg völlig verfehlen würden: Eigentlich
bleibt ihm der Gegenstand seiner Verehrung fremd. So
kommt es, dass sich sein heimliches Treuegelöbnis aus der
Rückschau späterer Jahre – zu Tonios eigener Verwunde-
rung – nur als vorübergehende Laune erweisen wird.

3. In geraffter Form erzählt dieser Abschnitt Tonios
Wandlung zum Künstler.

Seine Großmutter und sein Vater sterben, das Familien-
unternehmen geht zugrunde, seine verwitwete Mutter hei-

*Heranreifen
zum Schriftsteller*

ratet erneut: All diese familiären Verände-
rungen machen es dem jungen Mann leicht,
seine Vaterstadt zu verlassen. In südlichen
Regionen verbringt er eine an Ausschwei-
fungen reiche Zeit, doch findet er keine wahre Befriedigung
darin und entfremdet sich von sich selbst.

Indem er sich von der gewöhnlichen Welt abkehrt, findet
er zu einem von der Öffentlichkeit anerkannten Künstlertum.

4. Tonio, mittlerweile zum Mann von knapp über dreißig
gereift, besucht die ungefähr gleichaltrige Malerin Lisaweta

Iwanowna in ihrem Münchener Atelier. In einer Art Monolog, der vereinzelt von Einwürfen Lisawetas unterbrochen wird, entwickelt Tonio in aller Ausführlichkeit seine Anschauungen zu Kunst und Künstlertum. Dennoch sieht Lisaweta in Tonio nur einen »Bürger auf Irrwegen« (41). Schwer getroffen verlässt er das Atelier.

Kunstgespräch mit Lisaweta

5. Ein halbes Jahr später. Tonio kündigt Lisaweta an, er wolle München eine Zeit lang den Rücken kehren. Doch nicht Italien hat er sich als Ziel ausgewählt, sondern das ihm noch unbekannte Dänemark, für das er immer schon Sympathien gehegt hat. Die Reise soll ihn dabei auch wieder an den Ort seiner Jugendjahre zurückführen.

Entschluss zu einer Reise in den Norden

6. Dieses Kapitel erzählt von Tonios melancholischer und schließlich anekdotenhaft endender Wiederbegegnung mit seiner Vaterstadt nach 13 Jahren.

Tonio bezieht zunächst Quartier in einem Hotel. Am nächsten Tag beginnt er, erfüllt von innerer Unruhe, einen Rundgang durch die Stadt, der ihn am Haus Inges und an der Villa der Hansens vorbeiführt. Schließlich betritt er sein Elternhaus, das mittlerweile von fremden Leuten bezogen ist. In einem anderen Geschoss des Gebäudes hat sich eine Volksbibliothek eingerichtet; von einem Beamten misstrauisch beäugt, erkennt er in den umgestalteten Räumlichkeiten das ehemalige Frühstückszimmer, das Schlafzimmer und schließlich sein eigenes Kinderzimmer wieder.

Besuch der Heimatstadt

Zurück im Hotel, bereitet sich Tonio auf die Abreise vor, wird aber vom Hotelbesitzer und einem Polizisten aufgehalten, weil man in ihm einen flüchtigen Betrüger vermutet.

Die Angelegenheit stellt sich bald als Irrtum heraus, obwohl
der reisende Dichter keine Papiere bei sich hat und sein – in
Literatenkreisen wohlbekannter Name – dem Polizeibeam-
ten nichts sagt. Erst mit dem Korrekturexemplar einer Novelle, das Tonio bei sich trägt und gleichsam als Identitäts-
nachweis vorzeigt, gelingt es, die peinliche Situation zu be-
reinigen.

7. Auf der zunächst ruhig verlaufenden Schiffsüberfahrt
nach Kopenhagen erholt sich Tonio von den irritierenden
Ereignissen in seiner Vaterstadt. Er schließt Bekanntschaft
mit einem jungen Hamburger Kaufmannssohn, dessen gleichermaßen erhabenes wie banales Geschwätz er sich gedul-
dig anhört. Mit einer ruhigen Nacht wird es nichts: Sowohl
eine innere Erregung als auch der rauer gewordene Seegang
treiben Tonio wieder an Deck, wo er die Gewalt der Elemente als künstlerisch inspiratives Erlebnis genießt und
dann auf einer Bank eindämmert.

In Kopenhagen bleibt Tonio drei Tage, vertreibt sich die
Zeit mit Besichtigungen, wird zugleich aber
auch hier in der Fremde von seinen Jugend-
erinnerungen eingeholt. Er verlässt die Stadt,
um sich für längere Zeit in einem weiter
nördlich gelegenen kleinen Badehotel niederzulassen.

Ankunft in
Dänemark

8. Tonio genießt die ruhigen und erholsamen Tage an der
dänischen Küste. Eines Tages treffen beim Hotel Ausflügler
in größerer Zahl ein, die eine Landpartie und einen Tanzabend planen. Beim Mittagessen bemerkt Tonio ein Pärchen, das Hans und Inge vom Typ her aufs Haar gleicht. Die
Aussicht auf ein Wiedersehen steigert seine Vorfreude auf
den Ball.

Der Tanzgeselligkeit wohnt Tonio als Beobachter von
der Veranda aus bei. Dabei werden Erinnerungen an je-

nen Tanzabend geweckt, dem Tonio seinerzeit in seiner Vaterstadt beiwohnte: Der skurril aussehende Festordner erinnert an den Tanzmeister Knaak; ein unscheinbares Mädchen, das beim Tanz schließlich zu Sturz kommt, an die ungeschickte Magdalena Vermehren. Als das

Abendgesell-schaft im Strandhotel

Orchester eine Quadrille anstimmt, gerät Tonio – eingedenk der damaligen Blamage – in Unruhe. Und da ist natürlich noch jenes Pärchen, das so aussieht wie Hans und Inge: Alte Sehnsucht und alter Schmerz werden wieder wach, wenn Tonio sein bisheriges Leben überdenkt.

9. Das letzte Kapitel nimmt ein Brief Tonios an Lisaweta ein, in dem er Stellung nimmt zu ihrer Bemerkung, er sei ein »Bürger auf Irrwegen« (vgl. Kap. 4). Tonio sieht sich selbst weder eindeutig der Welt des Bürgers noch der des

Tonios Brief an Lisaweta

Künstlers zugehörig; zu sehr drängt es ihn hin zur Normalität. Aufbauend auf der Erkenntnis, dass die »Bürgerliebe zum Menschlichen« die Quintessenz wahren Dichtertums ausmache, soll ein neuer, vollkommenerer Abschnitt seines literarischen Schaffens beginnen.

3. Personen

Namenspoesie und Namenssymbolik

Die österreichische Schriftstellerin Ingeborg Bachmann nannte Thomas Mann einen »Namen-Zauberer«. In der Tat ließ der Dichter größte Sorgfalt walten, wenn er für die Figuren seiner Erzählungen und Romane aussagekräftige Namen komponierte.

So sagt bereits der Name »**Tonio Kröger**« viel über seinen Träger aus. Er besteht aus zwei Teilen, einem südlich klingenden Vornamen und einem norddeutschen Familiennamen. In dieser heterogenen Zusammensetzung spiegelt sich die Herkunft seiner Eltern: auf der einen Seite die der kunstsinnigen Mutter, einer südländischen Schönheit, von der Tonio das »ganz südlich scharf geschnittene Gesicht« (8) geerbt hat; auf der anderen Seite die des Vaters, der als Abkömmling deutschen Großbürgertums an des Lebens ernstes Führen gewöhnt ist, Würde und Ordnung in gleichem Maße verkörpert.

Tonio Krögers Name

Zugleich verweist »dieser aus Süd und Nord zusammengesetzte Klang, dieser exotisch angehauchte Bürgersname« (27) auf die geographischen Pole, zwischen denen sich Tonios Leben abspielt. Der Magnet Italien vermag den jungen Mann nicht dauerhaft anzuziehen; zwar verlebt er dort seine wilden Jahre, doch wird er des Südens bald überdrüssig. Seine heimliche Sehnsucht gilt dem Norden, speziell Dänemark, an dem ihn nicht zuletzt die Klangmagie der dort üblichen Vornamen reizt (vgl. 42).

In erster Linie ist Tonios Name allerdings Ausdruck seiner problematischen Existenz. Einerseits ist sein Vorname »etwas Ausländisches und Besonderes« (15), gewährt ihm also das Gefühl von Exklusivität. Andererseits wird er dadurch noch mehr zum Außenseiter, als er es durch seine poetische Veranlagung ohnehin schon ist.

Tonios Umgebung fühlt sich durch dessen Vornamen abgestoßen. Hans Hansen nennt den Freund in Gegenwart Dritter nur »Kröger« – den Vornamen mag er »nicht leiden« (14). Ein Keil der Entfremdung schiebt sich dadurch in den vertraulichen Umgang der beiden Knaben, gilt doch die Anrede mit dem Vornamen als Ausdruck herzlicher Zuneigung. Gerade damit erweist nämlich auch der Lehrkörper seinem Günstling Hans Hansen eine Bevorzugung. In gleicher Weise verfährt der Oberlehrer Dr. Mantelsack in den *Buddenbrooks* mit seinen Lieblingen.

So wie der vierzehnjährige Knabe lieber einen weniger extravaganten Vornamen tragen würde (vgl. 15), zeigt auch der über dreißig Jahre alte, dem Leben entfremdete Künstler Verlangen nach einem Glück, das im Alltäglichen liegt. In seiner Kunst vom Gefühl losgelöst und doch fürs Sentimentale zugänglich, vom Bürgertum gleichermaßen abgehoben wie angezogen, ist die existenzielle Heimatlosigkeit des Intellektuellen bereits in seinem Namen vorgezeichnet: »Ich stehe zwischen zwei Welten, bin in keiner daheim und habe es infolge dessen ein wenig schwer« (73).

Bereits in der Erzählung *Der Wille zum Glück*, 1896 im *Simplicissimus* erschienen, hatte Thomas Mann in der Gestalt des Paolo Hoffmann den Träger eines aus einem südlichen und aus einem nördlichen Teil bestehenden Namens geschaffen. Und auch in *Tonio Kröger* ist dieses Prinzip nicht allein auf die Titelfigur angewendet: Von dem Betrüger, mit dem Tonio während seines Aufenthalts in Lübeck verwechselt wird, heißt es, er habe »einen ganz verzwickten und romantischen Namen […], der aus den Lauten verschiedener Rassen abenteuerlich gemischt erschien« (52). Der Name des Künstlers und der des anonym bleibenden Kriminellen gehorchen demselben Bildungsgesetz. Das ist kein Zufall, stehen doch beide auf ihre Art am Rande der Gesellschaft – eine irritierende Verwandtschaft, auf die Tonio bereits in seinem Monolog im vierten Kapitel hingewiesen hat (vgl. 34, 40).

Der Künstler und der Kriminelle

Mit dem Tanzmeister **François Knaak** taucht ein weiterer Name auf, der aus kontrastierenden Elementen zusammengesetzt ist. Thomas Mann hat diese Figur in seiner Erzählung *Wie Jappe und Do Escobar sich prügelten* (1911) nochmals auftreten lassen. Auch Knaak hat sich – wie Tonio – der Kunst verschrieben, doch wird bei ihm die Sicht aufs Leben nicht durch Reflexion verstellt. Als »eine Gestalt aus dem Zwischenreich von Komik und Elend«[2] wirkt er nicht männlich, sondern affektiert und lächerlich, gibt sich in seinem modischen Accessoire, den Atlasschleifen an den Schuhen und dem gelbseidenen Taschentuch, wie in seinen Bewegungen und seinem Gehabe feminin. Auch im Falle Knaaks wird der Riss, der durch die Figur geht, in deren Namen gespiegelt.

François Knaak

Tonio und die blonden Blauäugigen

Von Gegensätzen, wie sie bereits im Namen der Titelfigur sichtbar werden, lebt die Novelle als Ganzes: Süden und Norden, Gefühl und Kunst, Wärme und Kälte, Gesellschaft und Einzelgänger, Bürgertum und Literatendasein, Gewöhnlichkeit des Alltags und Exklusivität des Künstlers, Hingezogenheit und Entfremdung, Geborgenheit und Heimatlosigkeit, unbekümmerte Daseinslust und intellektuelle Grüblerei, Pflichtgefühl und Liederlichkeit – um nur einige dieser Antithesen zu nennen.

Antithetische Konzeption

Dass es sich um eine antithetisch angelegte Erzählung handelt, macht schon das erste Kapitel mit der Gegenüberstellung von Tonio und **Hans Hansen** klar. Ihre Gegensätzlichkeit manifestiert sich bereits im Äußeren. Bei Hans ist alles in sich stimmig, sein Gang ebenso wie seine Proportionen. Die »freiliegenden und scharf blickenden Augen« (8) kennzeichnen den klaren und harten Blick des Tatmenschen. Bei Tonio, dem Träumer, triumphiert die Weichheit: sein Mund, sein Kinn, sein Gang – alles lässt das Energische vermissen, was seinen Freund auszeichnet, nicht zuletzt auch sein Blick, der aus »dunkle[n] und zart umschattete[n] Augen mit zu schweren Lidern« (8) hervortritt. Ist Tonio brünett, so gehört Hans zu den »Blonden und Blauäugigen« – eine Äußerlichkeit, die repräsentativ für die ersehnte Normalität schlechthin steht.

Tonio und Hans

Das Verhältnis der beiden Knaben zueinander nimmt die Problematik des späteren Künstlers Tonio Kröger vorweg. Einerseits ist sich Tonio sowohl seines Gegensatzes zu Hans als auch seiner eigenen Besonderheit bewusst; andererseits fühlt er, dass diese Besonderheit ihm beim Werben um die Zuneigung von Hans im Weg steht. Doch liebt Tonio Hans gerade deswegen, »weil er in allen Stücken als sein eigenes Widerspiel und Gegenteil« (11) erscheint. Vom Schicksal in eine verständnislose Umgebung hineingepflanzt, sieht sich der Außenseiter Tonio einem in die Gesellschaft Integrierten gegenüber, der sich – anders als er – allgemeiner Zuneigung und Anerkennung erfreut. Die Sehnsucht des jungen Tonio nach seinem Mitschüler, der einer anderen Welt angehört, präfiguriert die Sehnsucht des reifen Tonio nach den »Wonnen der Gewöhnlichkeit«, also der Sphäre der bürgerlichen Normalität, von der er sich ausgeschlossen sieht.

Inge Holm, die im zweiten Kapitel vorgestellt wird, hat mehr mit Hans gemein als mit Tonio. Sie ist ebenso blond und blauäugig, eine »lichte Persönlichkeit« (23), und dem Leben unbeschwert zugewandt, ohne es zu reflektieren oder zu problematisieren. Diese neuerliche Kontrastierung lässt die Züge des Antihelden bei Tonio noch deutlicher hervortreten: seine Einsamkeit, sein Ausgeliefertsein an das Leiden.

Tonio und Inge

Seine Hingezogenheit zu dem jungen Mädchen ist noch perspektivloser als die zu Hans. Inge ist sowohl unsensibel für Tonio als auch für dessen Kunst. Sie registriert ihn bloß, indem sie ihn auslacht. Tonio bezweifelt, ob ihr seine zukünftige Berühmtheit Bewunderung abringen würde. Trotz körperlicher Nähe bleibt sie ihm »fern und fremd und befremdet« (23). Anders als zwischen Tonio und Hans ist ihre Beziehung – sofern man überhaupt davon reden kann – sprachlos und entrückt, in ihrer Einseitigkeit ins Extrem gesteigert. Für Tonio ergibt sich daraus die Konsequenz, sein hoffnungsloses Sehnen nach Inge in ein Glücksgefühl umzupolen (23 f.), des Weiteren überhaupt seine Emotionen mit einem schützenden Panzer zu umgeben, auch und vor allem als Voraussetzung für seine Kunst.

Die Krögers, die Manns und die Buddenbrooks

Unschwer war bereits für die zeitgenössischen Leser des *Tonio Kröger* zu erkennen, wer hinter der Titelfigur steckte. Wer mit solcher psychologischen Raffinesse die Nöte einer Künstlernatur beschrieb, der konnte letzten Endes nur sich selbst damit meinen. Tatsächlich spiegeln sich in der Erzählung zahlreiche Details aus der Biographie des Autors wider: Lübeck, Italien und Dänemark sind Stationen im Lebenslauf Tonios, auf die auch der junge Thomas Mann zurückblicken konnte. Einzelne authentische Episoden fanden ebenfalls in die Erzählung Eingang, wie Thomas Mann 1912 bestätigte:

»Man sollte denken, daß in jener Jugendnovelle Szenen wie die in der Volksbibliothek oder die mit dem Polizisten zweckhaft, um der Idee, des Witzes willen erdacht seien. Sie sind es nicht, sind einfach der Wirklichkeit abgenommen.«[3]

Kein Wunder, dass das Selbstporträt des Dichters von Figuren flankiert ist, deren Gegenstück man im realen Leben vermutete. Freilich ist das nicht immer unproblematisch: Consuelo Kröger etwa, Tonios Mutter, die der Konsul »von ganz unten auf der Landkarte heraufgeholt« hat (11), ist zwar wie Julia da Silva-Bruhns, die Mutter

Die Familie Kröger und die Familie Mann

Thomas Manns, exotischer Herkunft, sehr musikalisch und zieht nach dem Tod des Gatten aus Lübeck fort, doch hat sich der Dichter trotz alledem gegen eine voreilige Identifikation ausgesprochen. Auch bei Konsul Kröger und Thomas Manns Vater sind die Parallelen unübersehbar: Beide dirigieren ein Getreidehandelshaus, beide tragen den Titel eines niederländischen Konsuls, bei beiden bedeutet der Tod auch das Ende der Firma.

In Hans Hansen, der in den Notizbüchern Manns noch
unter dem skandinavischen Namen »Tage« auftaucht, kreu-
zen sich zwei vom Typ sehr ähnliche Freunde des Dichters,
zu denen er eine homoerotisch gefärbte
Zuneigung gefasst hatte. Den einen, seinen
Schulkollegen Armin Martens, bezeichnete
er am 19. März 1955, also wenige Monate vor

*Figuren im
Umkreis Tonios*

seinem Tod, als seine »erste Liebe«, nie wieder sei ihm »eine
zartere, selig-schmerzlichere« beschieden gewesen. Blond
und blauäugig wie Hans Hansen, war Armin Martens ein
eher undankbares Objekt für Thomas Manns jugendliche
Schwärmerei, die der Angebetete mit Spott quittierte. Der
Maler Paul Ehrenberg ist die zweite reale Bekanntschaft, die
nicht nur in den fiktiven Hans Hansen eingeflossen ist.
Noch als Siebzigjähriger verarbeitete Thomas Mann die Er-
schütterungen dieser »zentralen Herzenserfahrung meiner
25 Jahre«[4] im Roman *Doktor Faustus*.

Selbst für eine Nebenfigur wie die ungeschickte **Magdalena Vermehren**, die Tonio aus seiner Isolation erlösen
könnte, hat man ein reales Vorbild ausfindig gemacht, ebenso für den Tanzmeister Knaak und den Hotelbesitzer Seeha-
se. Allein für Ingeborg Holm fehlt ein Gegenstück in der
Wirklichkeit; Peter de Mendelssohn vermutet in ihr die
Konkretisierung einer bis heute anonym gebliebenen Tanz-
stundenbekanntschaft, während Hermann Kurzke in ihr eine weibliche Projektionsfigur für Manns Beziehung zu Paul
Ehrenberg sieht.

In unmittelbarem Zusammenhang mit diesem biographi-
schen Zugang steht der Versuch, *Tonio Kröger* in Verbindung mit dem ebenfalls stark
autobiographisch gefärbten Roman *Buddenbrooks* (1901) zu bringen. Schon in den zeit-

*Tonio Kröger und
Buddenbrooks*

genössischen Kritiken konnte man von der Novelle »als ein Nachwort zu den *Buddenbrooks*«[5] lesen. Thomas Mann selbst bezeichnete sie in einem Brief vom 1. März 1923 als »autobiographische Fortsetzung« seines Romanerstlings. Wie die Krögers – und auch die Manns – ist die Familie der Buddenbrooks »in einen Zustand des Abbröckelns und der Zersetzung geraten« (25), wie bei den Krögers und bei den Manns wiederholen sich die Konstellationen im Elternhaus: Da ist Thomas Buddenbrook, der Vater, ein ernster Kaufmann, nach dessen Ableben die Firma liquidiert wird; da ist Gerda Arnoldsen, die kunstsinnige Mutter, die am Ende des Romans Lübeck verlässt; da ist schließlich Hanno, der Sohn der beiden, von seinen Mitschülern sowohl durch seine Schwächlichkeit als auch durch seine Sensibilität und künstlerische Begabung abgehoben. Wie in den anderen Werken Thomas Manns gilt auch hier die Maxime seines Schaffens, das persönlich Erlebte im Kunstwerk aufgehen zu lassen.

Über dem von der Forschung stark betonten autobiographischen Zugang darf man allerdings nicht vergessen, dass *Tonio Kröger* auch in der Traditionslinie früherer Erzählprosa steht und zugleich mit den Erwartungen der Leser spielt. So setzt die Novelle zwar auf dem Schulhof ein, doch entwickelt sich daraus keine Schulgeschichte, wie sie damals bei Literaten der Jahrhundertwende Mode war, um die Nöte Jugendlicher anschaulich zu machen – bei Robert Musil oder Thomas Manns Bruder Heinrich etwa. Auch das Muster deutscher Künstlerromane und -erzählungen variiert der Autor: War die Italienreise dort ein seit dem 18. Jahrhundert nicht selten auftretendes Motiv, so spielt Thomas Mann eine Reise in den Norden dagegen aus.

4. Werkaufbau

Eines der auffälligsten Kennzeichen der *Tonio Kröger*-Novelle ist deren Handlungsarmut, der Verzicht auf spektakuläre Äußerlichkeiten.

Mit alltäglichen Ausschnitten aus der Lebenswelt Heranreifender beginnt die Erzählung: im **1. Kapitel** der gemeinsame Heimweg von der Schule, im **2.** eine peinlich verlaufende Tanzstunde. So knapp das **3. Kapitel** gehalten ist, so weit ist der Zeitraum, den es durchmisst – an die 16 Jahre. Skizziert wird dabei Tonios Entwicklung zum Schriftsteller. Liest sich dieser Abschnitt fast schon wie eine Inhaltsangabe, so dominiert im darauf folgenden **4. Kapitel** die essayistische Form, wenn Tonio seine Gedanken über Kunst und Künstlertum darlegt. Auch das **5. Kapitel** verzichtet auf Handlung, dient nur als Ankündigung von Tonios Dänemarkreise. Im **6. Kapitel** zeichnet sich so etwas wie eine unerhörte Begebenheit ab, doch klärt sich Tonios Verwechslung mit einem polizeilich gesuchten Verbrecher rasch auf und bleibt ohne Konsequenzen. Immerhin handelt es sich dabei um das ungewöhnlichste Erlebnis, das Tonio in dieser Erzählung widerfährt.

Die **beiden folgenden Kapitel** bringen Impressionen von der Überfahrt, von Kopenhagen, vom Leben im Hotel und vom Strand, schließlich vom Tanzabend. Eine überraschende Pointe bleibt jedoch aus; zwar wird vom Wiedersehen mit Hans und Inge erzählt, doch spielt sich dieses Ereignis bloß im Kopf Tonios ab. Das **9. Kapitel** schließt die Novelle in Form eines Briefes an Lisaweta ab, einer Fortsetzung und Revision des vierten Kapitels.

Minimum an
äußerer
Handlung

Tonio Kröger enthält ein Minimum an Aktion; das Schwergewicht liegt eher auf der Reflexion, der Beschreibung von Personen, Orten und Stimmungen sowie auf kunsttheoretischen Erörterungen. Die Qualität der Erzählung kann daher nicht in der Erfindung einer ausgefallenen äußeren Handlung liegen, sondern offenbart sich in der Darstellung einer inneren Entwicklung vom Literaten zum Dichter (vgl. 73).

Thomas Mann hat für *Tonio Kröger* so wie für die anderen fünf Erzählungen der Sammlung *Tristan* die Bezeichnung »Novelle« gewählt. Als Novelle im klassischen Sinn kann man den Text aber kaum bezeichnen, zu sehr weicht seine Struktur von der üblicherweise streng komponierten, mit dem Bau des klassischen Dramas korrespondierenden und sich zu einem außergewöhnlichen Ereignis verdichtenden Handlung ab. In der Forschung hat man daher versucht, für diese Erzählung ein spezifisches Aufbauschema herauszuarbeiten.

Abweichen von der klassischen Novellenform

Die Ergebnisse lassen allerdings erwartungsgemäß Einklang vermissen. Die Frage nach dem zentralen Kapitel etwa wurde einerseits mit dem Gespräch zwischen Tonio und Lisaweta beantwortet, um das sich alle anderen Abschnitte wie die Flügel eines Altars herumgruppieren. Benjamin Bennet wiederum sprach 1976 die Schlüsselstellung dem fünften Kapitel zu, also der Entscheidung Tonios, wieder an die Stätten seiner Jugend zurückzukehren – wohl auch deswegen, weil eine solche Deutung der Symmetrie des neunteilig angelegten Textes besser entgegenkommt.[6]

Andere Interpretationen bemühten die Formensprache der Musik, um hinter die Struktur der Erzählung zu kommen. Maßgeblich daran beteiligt gewesen sein mag eine

Äußerung Thomas Manns über *Tonio Kröger* in seinem »Lebensabriß« von 1930: »Hier wohl zum erstenmal wußte ich die Musik stil- und formbildend in meine Produktion hineinwirken zu lassen.« Mit der Form der Quadrille wur-

> Musikalität

de der Aufbau des *Tonio* ebenso in Beziehung gesetzt wie mit der Sonatenhauptsatzform; nach dem Schema von Hermann Wiegmann, der dabei ein Konzept von Harold A. Basilius aus dem Jahre 1944 einer kritischen Revision unterzieht, sieht das folgendermaßen aus:

Kapitel 1, 2:   Exposition
Kapitel 3–5:   »Durchführung reflexiver Problematisierung«
Kapitel 6–8:   »Rekapitulation der Jugenderfahrung«
Kapitel 9:   Koda[7]

Abgesehen davon steht die Musikalität des *Tonio Kröger*

> Leitmotive

schon allein durch die Verwendung des Leitmotivs außer Frage. Durch seine Beschäftigung mit Richard Wagner war Mann mit dieser Technik vertraut: Eine kurze, einprägsame Notenfolge, die Figuren, Gegenstände oder Stimmungen bezeichnet, taucht an verschiedenen Stellen des betreffenden Werks auf, stellt damit als Strukturelement Zusammenhänge her und lädt die betreffenden Passagen mit Bedeutung auf. Auf die Literatur übertragen, bezeichnen Leitmotive beispielsweise wiederholt vorkommende sprachliche Bilder oder Wortfolgen.

Solche sprachlichen Wiederholungen tauchen die ganze Novelle hindurch auf. Als Tonio im 6. Kapitel wieder nach Lübeck heimkehrt, werden die Eindrücke aus dem ersten Kapitel mit fast demselben Wortlaut wiedergegeben: der qualmende Zug, dessen Waggons der kleine ebenso wie der gereifte Tonio zählt, die Villa der Hansens samt kreischender Gartenpforte, das »alte, untersetzte Tor«, schließlich der Weg durch die »steile, zugige« Gasse hinauf (vgl. 16, 47 bzw. 17, 47). Dadurch, dass das Sprachmaterial aus einem früheren Kapitel abgerufen wird, entsteht nicht nur eine strukturelle Klammer, sondern es wird auch sprachlich versinnlicht, mit welcher Lebhaftigkeit sich die Erinnerung beim Heimkehrenden Bahn bricht.

Heimatlosigkeit und Ausgeschlossensein von der bürgerlichen Welt teilt sich Tonio mit den »Zigeunern im grünen Wagen«, deren wiederholte Nennung sich mit der Abschreckung durch das Nichtstandesgemäße verbindet (vgl. 11, 15, 52). Auf die Ausgegrenztheit verweist auch der Satz »Denn ihre Sprache war nicht seine Sprache« (69), als Tonio das dänische Pärchen beobachtet. Vordersinnig ist das natürlich wörtlich zu verstehen, als Hinweis auf die Sprachbarriere, die dem deutschen Touristen im Ausland entgegensteht. Doch ist das Gesagte nicht ohne bildlichen Hintersinn: Jemand, dessen eigenstes Metier die Sprache ist, sieht sich dadurch auch vom Rest der Welt abgehoben. Leitmotivisch verweist dieser Satz zurück in Tonios Kindheit, wo er genauso – nur mit vertauschten Possessivpronomina – dessen Einsamkeit markiert hat (vgl. 23).

Als Leitmotiv ist auch der letzte Satz der Novelle zu verstehen, der – abgesehen vom Tempus – mit dem letzten Satz des ersten Kapitels identisch ist: Noch immer ist Tonio von den »Blonden und Blauäugigen« ausgeschlossen – an diesem Gefühl hat sich für ihn nichts geändert, doch hat er mittlerweile gelernt, damit reifer umzugehen.

Auch das leitmotivische Auftauchen des alten Walnussbaumes oder das ähnliche Wortmaterial bei der Beschrei-

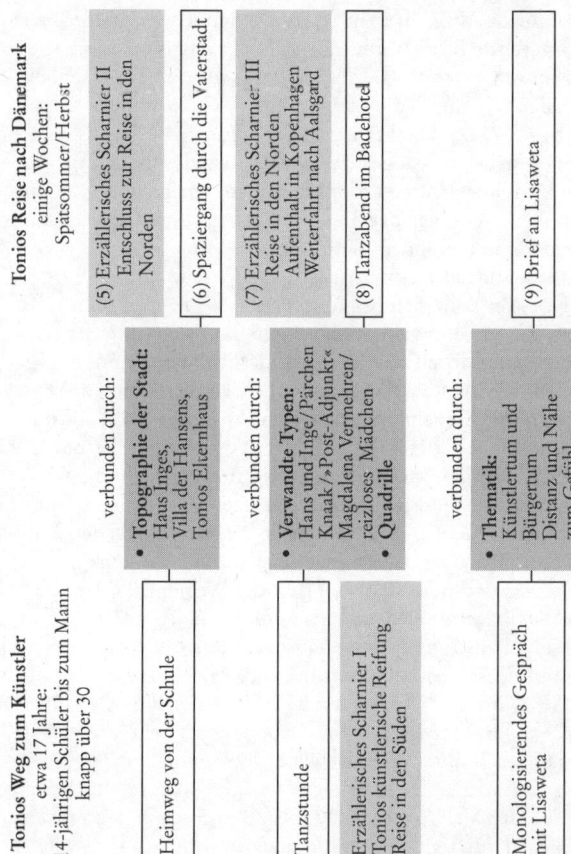

Tonios Weg zum Künstler
etwa 17 Jahre:
vom 14-jährigen Schüler bis zum Mann
knapp über 30

Tonios Reise nach Dänemark
einige Wochen:
Spätsommer/Herbst

(5) Erzählerisches Scharnier II
Entschluss zur Reise in den
Norden

(6) Spaziergang durch die Vaterstadt

(7) Erzählerisches Scharnier III
Reise in den Norden
Aufenthalt in Kopenhagen
Weiterfahrt nach Aalsgard

(8) Tanzabend im Badehotel

(9) Brief an Lisaweta

verbunden durch:

● **Topographie der Stadt:**
Haus Inges,
Villa der Hansens,
Tonios Elternhaus

verbunden durch:

● **Verwandte Typen:**
Hans und Inge/»Pärchen
Knaak«/»Post-Adjunkt«
Magdalena Vermehren/
reizloses Mädchen
● **Quadrille**

verbunden durch:

● **Thematik:**
Künstlertum und
Bürgertum
Distanz und Nähe
zum Gefühl

(1) Heimweg von der Schule

(2) Tanzstunde

(3) Erzählerisches Scharnier I
Tonios künstlerische Reifung
Reise in den Süden

(4) Monologisierendes Gespräch
mit Lisaweta

bung von Inge und Hans einerseits und dem dänischen Pärchen andererseits führen dazu, dass durch sprachliche Wiederholung ein verbindendes Strukturelement eingesetzt wird, das auf inhaltlicher Ebene seine Entsprechung in den untereinander korrespondierenden Kapiteln findet (vgl. Schaubild).

Die künstlerische Qualität der Novelle wird daher entscheidend dadurch mitbestimmt, auf welche Art und Weise das Erzählte organisiert ist und welche Rolle die Sprache dabei spielt.

5. Wort- und Sacherläuterungen

7,4 **der engen Stadt:** Gemeint ist Thomas Manns Geburtsstadt Lübeck, unschwer zu erschließen aus verschiedenen Namensbezeichnungen und Beschreibungen: Mühlenwall und Holstenwall (vgl. 9,14), Lindenplatz (vgl. 16,22), Holstentor (»das alte, untersetzte Tor«, 17,15) die mythologischen Figuren auf der »Puppenbrücke« (vgl. 43,26 f.).

7,14 **Seehundsränzeln:** Schultaschen aus Seehundsleder.

7,16 **Wotanshut:** Schlapphut mit breiter Krempe, so wie ihn der germanische Gott Wotan als »Wanderer« in Richard Wagners Oper *Siegfried* trägt.

Jupiterbart: Vollbart nach Art des römischen Göttervaters Jupiter.

8,19 **Gurt-Paletot:** langer Herrenmantel mit Gürtel.

9,6 **Trottoir:** Gehsteig.

10,35 **Consuelo:** aus dem Spanischen stammender weiblicher Vorname mit der Bedeutung ›Trost‹.

13,7 **Don Carlos von Schiller:** 1788 uraufgeführtes Ideendrama, das seinen Stoff aus der spanischen Geschichte des 16. Jahrhunderts bezieht (vgl. unten S. 32 f.). In der Folge spielt Tonio auf die Szene IV,23 an.

13,22 **Marquis:** die Figur des Marquis Posa aus oben genanntem Stück.

14,22 **Exercitium:** schriftliche Übung.

17,31 **Gaze-Ärmel:** Ärmel aus feinem, schleierartigem Stoff.

18,29 f. **»J'ai l'honneur de me vous représenter«, [...] »mon nom est Knaak«:** (frz.) »Ich habe die Ehre, mich Ihnen vorzustellen, mein Name ist Knaak.«

19,2 **Atlasschleifen:** Kleiderschmuck aus glänzendem Stoff.

19,25 **Talkum:** helles, feines Mineralpulver.

19,26 **Eleven:** (Tanz-)Schüler.

19,27 **Portièren:** Türvorhänge.

19,29 **Lorgnetten:** an einem Stiel befestigte Brillen.

19,31 **Mazurka:** aus Polen stammender Tanz im $3/4$- oder $3/8$-Takt.

20,31 **en avant!:** (frz.) vorwärts!

20,32 **Nasal-Laut:** durch die Nase artikulierter Laut, hier ein Kennzeichen gekünstelter Vornehmheit.

20,33 **Quadrille:** populärer Gesellschaftstanz.

20,35 **Carré:** Aufstellung der Paare für die Quadrille in Form eines Vierecks.

21,14 **Storm:** Der norddeutsche Dichter Theodor Storm (1817–88), aus dessen Gedicht *Hyazinthen* (1852) in der Folge zitiert wird (vgl. unten S. 33 f.).

21,18 **»Compliment! Moulinet des dames! Tour de main!«:** französische Kommandos bei der Quadrille, die eine Verneigung und verschiedene Figuren fordern.

21,29 **En arrière:** (frz.) nach hinten.
fi donc! (frz.) pfui!

22,4 **Folgmädchen:** Angehörige des Hauspersonals.

22,6 **Plumcake:** englischer Rosinenkuchen.

22,14 **»Immensee«:** 1850 erschienene Novelle Theodor Storms, die das Scheitern einer Liebesbeziehung in einer vom materiellen Denken bestimmten bürgerlichen Umwelt thematisiert.

26,6 **das Mal an seiner Stirn:** das Kainszeichen; hier: Kennzeichen des Künstlers, das ihn aus der Masse stechen lässt.

26,33 f. **excentrischen:** außergewöhnlichen, überspannten.

28,6 f. **ohne Ceremonien:** ohne Umstände.

28,24 **Fixativ:** farbloses Mittel, das man auf Zeichnungen aufträgt, um sie gegen Verwischen zu schützen.

31,21 **Fiaskos:** Fiasko: katastrophale Niederlage.

32,7 **Batuschka:** (russ.) Väterchen.

32,31f. **jener präparierten päpstlichen Sänger:** Kastratensänger im Sixtinischen Chor. Durch die Kastration vor der Pubertät behielten die männlichen Sänger ihre hohe Stimmlage (Alt oder Sopran).

32, 36 **Papyros:** russische Zigaretten.

33,32 **Attaché:** im untergeordneten diplomatischen Dienst stehender Beamter.

34,21 **süblimen:** sublim: verfeinert.

35,5 **morbides:** kränkliches, krankhaftes.

»**Tristan und Isolde**«: 1865 uraufgeführtes Musikdrama von Richard Wagner (1813–83).

35,10 **Dilettant:** jemand, der sich der Kunst als Liebhaber und Amateur widmet.

35,25 **Horatio:** Hamlets Freund in Shakespeares gleichnamiger Tragödie (vgl. unten S. 34f.).

37,1 **Blasiertheit:** Dünkelhaftigkeit.

37,29 **Charlatan:** Betrüger.

37,32 **Nihilist:** Mensch, der alle Werte grundsätzlich in Frage stellt und negiert.

38,16 **Cesare Borgia:** 1475–1507; Renaissancefürst und Sohn von Papst Alexander VI.

39,3 **Podium:** hier: Rednerpult.

39,7 **Auditorium:** Zuhörerschaft.

40,3 f. **Ehrenkleides:** Uniform.

41,28 **bellezza:** (ital.) Schönheit.

42,21 **Kronborg:** Schloss bei Helsingör, Schauplatz von Shakespeares Tragödie *Hamlet*, auf deren Szene I,5 Tonio hier anspielt.

43,18 **Droschken:** Mietkutschen.

44,23 **Bogenlampen:** Lampen mit Lichtbogen.

44,31 **Honneurs:** (frz.) Ehrenerweisungen.

44,48 **hierarchisch:** einer streng gegliederten sozialen Rangordnung gehorchend.

45,4 **Rosetten:** rosenförmige Bandschleifen.

45,6 **pittoresker:** (ital.) malerischer.

47,21 **Kontor:** Geschäftszimmer eines Kaufmannes.

47,24 **Windfang:** Durchgangsraum hinter einer Eingangstür.

48,14 **unziemliche:** unpassende, ungebührliche.

50,36 **Vestibules:** der Vorhalle.

51,24 **Korrektur:** Verbesserung und Überarbeitung eines Textes.

52,4 **Individium:** Individuum; hier: verdächtiger Kerl.

52,22 **sich legitimieren:** sich ausweisen.

52,33 **Porteföhch:** Portefeuille; hier: Mappe.

53,24 **Schlag:** Wagentür.

53,32 **Bugspriet:** Mast, der schräg nach vorn über den Bug eines Segelschiffes herausragt.

54,14 **Menagerie:** Tiergarten.

54,34 **Sderne:** Thomas Mann imitiert in der Orthographie den Hamburger Dialekt des Sprechers.

55,18 **Telegraphen:** Fernschreiber.

55,28 **kosmologische:** die Lehre von der Entstehung und Entwicklung des Alls betreffende.

55,36 **steamer:** (engl.) Dampfschiff.

56,6 **zutunlichen:** vertraulichen.

58,11 **des Königs Neumarkt:** Kongens Nytorv, der Königliche Neue Markt, mit dem Reiterstandbild König Christians V. (1687).

58,13 **Thorvaldsens:** Bertel Thorvaldsen (1768–1844), dänischer klassizistischer Bildhauer.

58,15 **Tivoli:** berühmter Vergnügungspark in Kopenhagen.

58,22 **allerwegen:** immer und überall.

58,30 **es litt ihn nicht lange:** er hielt es nicht lange aus.

58,36 **Helsingör:** vgl. Anmerkung zu 42,21.

59,6 **Sund:** Meerenge; hier: der Öresund zwischen Dänemark und Südschweden.

59,22 **Schlagfluss:** Gehirnschlag.

59,27 **Aquavit:** (lat.) Lebenswasser; mit Kümmel versetzter Branntwein.

59,29 **Gouverneur:** hier: Erzieher; männliches Gegenstück zur Gouvernante.

60,7 **konversierten:** sich gepflegt miteinander unterhielten.

61,27 **Illumination:** Beleuchtung.

61,34 **regnicht:** regnerisch.

62,24 **Réunion:** (frz.) Gesellschaftsball.

62,25 **Subskription:** vorangehende Anmeldung.

64,31 **Übungsläufe:** schnell gespielte Tonfolgen zum Einstimmen der Instrumente.

64,35 **Polonaise:** ursprünglich aus Polen stammender Reihentanz in gemessenem $^3/_4$-Takt.

65,12 **Reflektoren:** spiegelnde Schirme, die für eine bessere Ausleuchtung sorgen.

65,30 **Kapotthütchen:** um 1900 getragener Damenhut.

66,13 **Post-Adjunkt:** Gehilfe bei der Post.

66,15 f. **transpirierend:** schwitzend.

69,15 **Engagieren:** Aufforderung zum Tanz.

69,24 **distinguierte:** vornehme, von anderen abgehobene.

70,3 **die neun Symphonieen, Die Welt als Wille und Vorstellung und Das jüngste Gericht:** Mit der Nennung von Ludwig van Beethovens (1770–1827) neun Symphonien, Arthur Schopenhauers (1788–1860) Hauptwerk und Michelangelos (1475–1564) Fresko in der Sixtinischen Kapelle führt Tonio jeweils eine monumentale Leistung auf dem Gebiet der Musik, der Philosophie und der bildenden Kunst an.

70,22 **chassierend:** jagend.

71,1 »**Tak! O, mange Tak!**«: (dän.) »Danke! O, vielen Dank!«

71,32 **Exaltationen:** Überspanntheiten, Aufregungen.

72,4 **Arkadien:** peloponnesische Landschaft, in der Literatur idyllischer, paradiesesähnlicher Schauplatz.

72,23 **Puritanismus:** streng calvinistische Glaubensrichtung; hier: Sittenstrenge.

72,30 **Bohémien:** (frz.) Künstlertyp, der eine bewusst unbürgerliche Lebensart pflegt.

73,8 **phlegmatisch:** antriebslos, gleichgültig.

73,26 f. **schemenhafte:** nur undeutlich zu erkennende.

Weitere Wort- und Sacherklärungen finden sich im Reclam-Band *Erläuterungen und Dokumente* von Werner Bellmann (vgl. Lektüretipps, S. 63).

6. Interpretation

Tonio Kröger als Leser

»Litterarische Einsamkeit und Fremdheit schon als Knabe« – so charakterisiert Thomas Mann in den Vorarbeiten zum *Tonio Kröger* seinen Titelhelden. Allerdings wird Tonio nicht nur als schreibender Sonderling von seinen Kameraden und Lehrern schief angesehen, auch durch die Wahl seiner Lektüre versperrt er sich einer Integration.

Die Affinität Tonios zu Schillers leidendem König Philipp in dessen Drama *Don Carlos* dient dabei

Schillers
Don Carlos

als Spiegel für seine eigene Gemütsverfassung. Philipp ist deswegen isoliert, weil sein königlicher Rang es so will; Tonios Außenseitertum begründet sich dagegen aus seinen artistischen Sonderbegabungen. Beide sind auf der Suche nach einem Vertrauten: »Schenke mir / jetzt einen Menschen«, lässt Schiller seinen König sagen (III,5), doch bleibt dessen Wunsch letztlich unerfüllt, denn der Marquis Posa, der ihn durch seinen offenen Mut und durch sein Auftreten beeindruckt, bleibt einzig seinem Freiheitsideal verpflichtet, für das er seinen Monarchen gewinnen will.

Hans Hansen ist zu oberflächlich, als dass er Tonios Posa werden könnte. Während sich Tonios Sehnsucht in der Wunschvorstellung einer gemeinsamen *Don Carlos*-Lektüre mit dem Freund erschöpft, gleichsam als Ausdruck einer imaginierten Seelenverwandtschaft, liegen die Lesepräferenzen von Hans eher in der Richtung von Pferdebüchern, die einem Pubertierenden aus großbürgerlichem Hause wohl praktischer und unmittelbarer erscheinen müssen als der idealistische Schwung eines Schiller-Dramas. Sie sind der favorisierte Lesestoff einer Teenager-Clique, an deren Hobbys und Interessen Tonio keinen Anteil hat (vgl. 14).

> Tonios Schiller-Erlebnis ist autobiographisch eingefärbt, blieb der Weimarer Klassiker für Thomas Mann doch sein Leben lang ein treuer Begleiter. Noch drei Monate vor seinem Tod blickte er zurück: »*Don Carlos* – wie könnte ich je die erste Sprachbegeisterung meiner fünfzehn Jahre vergessen, die an dem stolzen Gedicht sich entzündete!«[8]

Auch zu Theodor Storm, einem Dichter, dessen Werke in *Tonio Kröger* eine nicht unwesentliche Rolle spielen, gewann Thomas Mann bereits in seiner Jugend eine enge Beziehung. 1930 gestand er, dass ihm bei der Gestaltung von Tonios Vater auch das Äußere von Storm vorgeschwebt war, als Signatur der »deutsch-heimatlichen« Wurzel gleichsam im Gegensatz zur »mondänen«.

Theodor Storm

Als Schüler verfasste Mann auch Lyrik ganz im Stile Storms, dessen Gedicht *Hyazinthen* (1852) er besonders schätzte. Der Refrain daraus spielt in *Tonio Kröger* eine besondere Rolle: »Ich möchte schlafen; aber du mußt tanzen«. Leitmotivisch kehrt diese Zeile wieder: einmal während Knaaks Tanzstunde bei der Quadrille, als Tonio die Gegenwart der von ihm verehrten Inge schmerzvoll erfährt (21); zum anderen beim geselligen Abend im Badehotel, als ein blondes Mädchen die Erinnerung an den Storm-Vers auslöst (70). Doch ist Tonio mittlerweile kritischer geworden: Während in Knaaks Tanzstunde die Stormschen *Hyazinthen* ohne Abstriche als »wunderschönes Gedicht« aus dem Gedächtnis abgerufen werden, verbindet der zum Manne Gereifte damit eine »melancholisch-nordische, innig-ungeschickte Schwerfälligkeit der Empfindung«. Seine als zwiespältig erfahrene Künstlerexistenz versieht den Vers mit einer neuen Lesart: Tonio legt sich die sprachliche Antithese vom Schlafen und vom Tanzen privat zurecht, denn nichts anderes drückt sie für ihn aus als den Gegensatz vom unverbindlichen Ausleben des Gefühls und der Verpflichtung der Kunst gegenüber.

Zusammen mit den Gedichten war die Novelle *Immensee* (1850) repräsentativ für das Storm-Erlebnis in Thomas Manns Jugend. Entfremdung und Einsamkeit, enttäuschte Hoffnung und sentimentale Sehnsucht dominieren in ihr ebenso wie in *Tonio Kröger*; darüber hinaus stehen beide Hauptfiguren in einem Gegensatz zur bürgerlichen Welt. Ist es das, was Storms Erzählung für Tonio so anziehend macht, dass er sich aus der Tanzgesellschaft Knaaks wegwünscht und lieber lesend im väterlichen Garten sitzen möchte (22)?

Ein dritter Autor spielt in *Tonio Kröger* eine wichtige Rolle, nämlich William Shakespeare mit seiner Tragödie *Hamlet*. Tonio kennt dieses Stück recht gut, was er in seinen Gesprächen mit Lisaweta beweist (35 f., 42); seine Dänemarkreise führt ihn – wie auch seinen Autor im September 1899 – in die Gegend von Helsingör, zum Schauplatz des Dramas. Hamlet war für Thomas Mann sowohl innerhalb als auch außerhalb der *Tonio Kröger*-Novelle zentrale Bezugsfigur für den »Erkenntnisekel«, die – auch an Nietzsche geschulte – ihn abstoßende Einsicht in die Beweggründe menschlichen Handelns und dessen Sinnlosigkeit. Der Charakter des Dänenprinzen entspricht nur zu gut jenem reflektierenden Künstlertum, das mit sich und der Welt uneins ist. In einem Gespräch mit seinem Freund Paul Ehrenberg nannte Thomas Mann einige Wesenszüge Hamlets, die auf

Shakespeares Hamlet

ihn selbst wie auch auf Tonio Kröger in unterschiedlicher Intensität zutreffen: »seine enthusiastische Schwäche, die Hyperästhesie [reduzierte Empfindlichkeit] seines Gewissens, seine Reflektionskrankheit, seine hitzige Phantasie und sein Versagen der Wirklichkeit gegenüber, sein Pessimismus, sein *Erkenntnis-Ekel* (was Ophelia, die Frauen, die Höflinge, das ganze Dasein betrifft) (es genügt ihm, zu durchschauen, um angewidert zu sein) – – – ecce ego!«[9]

Thomas Mann, ein Leben lang auf den Spuren seines Vorbilds Goethe, bezeichnete *Tonio Kröger* nicht nur einmal als seinen *Werther*.[10] So wie der Seelenzustand der Goethe-Figur in deren Homer- und Ossian-Lektüre gespiegelt wird, erweisen sich die Texte, denen sich Tonio verbunden fühlt, als Indikatoren für seine Gemütsverfassung und Lebenshaltungen. Gleichermaßen geben sie auch Auskunft über den Leser Thomas Mann, der damit eigene Lektüreerlebnisse und literarische Identifikationsangebote in den Handlungsgang eingeflochten hat.

Kunst, Leid, Ironie und tiefere Bedeutung

Leid entsteht durch eine Einwirkung von außen, der der Mensch mehr oder minder machtlos gegenübersteht. Zur Passivität verurteilt, wird er sich seiner eigenen Schutzlosigkeit und Angreifbarkeit bewusst. Der Vorstellung einer vom Leid komplett durchwirkten Welt kommt in der Philosophie Arthur Schopenhauers (1788–1860) eine zentrale Bedeutung zu. Eine Möglichkeit, das Leid zu bewältigen, sieht er in der Kunst, sowohl im Schaffens-

Schopenhauers Philosophie des Leids

prozess als auch in der interesselosen, objektiven Anschauung. Die Erleichterung, die dadurch gewährt werde, könne allerdings nur eine vorübergehende sein.

Thomas Mann las Schopenhauer wohl als Zwanzigjähriger, seine wichtigsten Gedanken hatte er bereits zuvor bei der Lektüre Friedrich Nietzsches (1844–1900) kennen gelernt. Schopenhauers Gedankenwelt war für Mann in vielerlei Beziehung die »Künstlerphilosophie par excellence«[11], und so nimmt es nicht Wunder, dass sie auch in seiner Künstlernovelle *Tonio Kröger* unübersehbare Spuren hinterlassen hat.

Schopenhauer und Tonio Kröger

Bereits nach dem ersten Wortwechsel mit Hans (vgl. 7) ist Enttäuschung und Seelenschmerz bei Tonio zu finden. Eine Quintessenz seiner vierzehnjährigen Lebenserfahrung lautet: »Wer am meisten liebt, ist der Unterlegene und muß leiden« (9). Als sensibler Intellektueller ist Tonio durch seine Anfälligkeit zum Leiden von den anderen abgehoben, gleichsam als Bestätigung der Lehre Schopenhauers, die die Erkenntnis des Leidens von einer gewissen Stufe des Bewusstseins abhängig macht. Einem schlichten Gemüt wie dem Tanzmeister Knaak bleibt die Einsicht in die letzten Leidenszusammenhänge verwehrt: »Sie [Knaaks Augen] sahen nicht in die Dinge hinein, bis dorthin, wo sie kompliziert und traurig werden« (20).

Künstlertum und Leid

Leid ist sowohl Voraussetzung für das wahre Künstlertum als auch ein Teil davon. Tonios Sicht darauf ist bestimmt von der Erkenntnis, »daß gute Werke nur unter dem Druck eines schlimmen Lebens entstehen, daß, wer lebt, nicht arbeitet, und daß man gestorben sein muß, um ganz ein Schaffender zu sein« (27).

Das entspricht ganz dem schopenhauerschen Gedanken, man könne durch Entsagung und Auslöschung des Willens das Leid überwinden. Für Tonio fallen Askese und Künstlertum zusammen, doch findet er gerade in dieser Lösung nicht sein Glück. Sie trifft ihn vielmehr mit der Wucht eines Bumerangs: Denn das, was sein Leid beseitigen sollte – sich im Abgehobensein von der Welt der Kunst zu verschreiben –, wird zur Voraussetzung für neues Leid. Zu stark lebt in ihm der Drang nach Normalität, »frei vom Fluch der Erkenntnis und der schöpferischen Qual [zu] leben, [zu] lieben und [zu] loben in seliger Gewöhnlichkeit« (67). Allerdings gelingt es Tonio bis zum Ende der Novelle nicht, den ersehnten Anschluss an das Leben zu gewinnen.

Askese

Leid kommt in *Tonio Kröger* aber noch in einer weiteren Dimension zum Tragen, nämlich im Leiden seines Autors an der Homosexualität, der »sexuellen Invertiertheit«[12], wie er sie nannte. Einerseits bedeutete es für Thomas Mann eine Qual, seine Neigungen nicht in letzter Konsequenz ausleben zu können, andererseits befürchtete er bis ins Alter, dass die Nachricht davon ans Licht der Öffentlichkeit gelangen könnte. Thomas Mann fand für sich selbst die Lösung, indem er sich in seinen Werken von seinen persönlichen Zwängen zwar freischrieb, das allzu Bekenntnishafte jedoch verschleierte: indem er sich offenbarte, aber nicht alles offenbar werden ließ.

Leiden an der Homosexualität

Dass Schmerz, elitäres Bewusstsein und Notwendigkeit zur Distanzierung, alles bestimmende Faktoren von Thomas Manns Künstlernatur, zusammengehören, hatte der junge Dichter schon beim Lesen Nietzsches bemerkt:

Ironie

»[D]ieser geistige schweigende Hochmut des Leidenden, dieser Stolz des Auserwählten der Erkenntnis, des ›Eingeweihten‹, des beinahe Geopferten findet alle Formen von Verkleidung nötig, um sich vor der Berührung mit zudringlichen und mitleidigen Händen und überhaupt vor allem, was nicht seinesgleichen im Schmerz ist, zu schützen.«[13]

Die Maske, hinter der sich Thomas Mann zum Zweck des Selbstschutzes versteckte, war die Maske der Ironie. Ironische Distanzierung bot die Möglichkeit, die Kluft zwischen Geist und Leben, an der sowohl Tonio als auch sein Schöpfer litten, weniger bedrohlich aussehen zu lassen und das übermächtig in Erscheinung tretende Gefühl, »immer banal und unbrauchbar« (31), zu dämpfen:

»Denn das, was man sagt, darf ja niemals die Hauptsache sein, sondern nur das an und für sich gleichgültige Material, aus dem das ästhetische Gebilde in spielender und gelassener Überlegenheit zusammenzusetzen ist« (31).

Die direkte, ungefilterte Präsentation von Gefühlen entlarvt den Dilettanten. Jemand wie der dichtende Leutnant, von dem Tonio im vierten Kapitel erzählt (vgl. 39 f.), muss scheitern, weil er die Kunst nur als spießbürgerlichen Zeitvertreib, als Beiwerk zu den alltäglichen Verpflichtungen des Lebens sieht, zu dem der echte Künstler Abstand zu wahren versucht.

Künstler und Bürger

»Ein vollkommner und ganzer Künstler ist in alle Ewigkeit von dem ›Realen‹, dem Wirklichen abgetrennt«, schreibt Nietzsche in seiner *Genealogie der Moral*[14] – ein Satz, der auch im Gespräch zwischen Tonio und Lisaweta stehen könnte, wo es unter anderem um die Gegensätzlichkeit zwischen Künstler und Bürger geht. Worin liegt bei Tonio die Differenz zum Bürgerlichen? Ein Blick auf drei ausgewählte Kriterien, die das Wesen des Bürgers zu jener Zeit auf allgemeine Art umreißen, sollen den Abstand zwischen ihm und Tonio klar machen.

Erstens: Der Bürger fühlt sich als Teil einer Gemeinschaft, mit deren Wertvorstellungen er in weitgehender Übereinstimmung lebt. Ganz anders Tonio. Als einzelgängerische Natur, von den anderen abgesondert, wirkt in ihm das Gefühl der Andersartigkeit. So wie sein Tonio fühlte

> *Der Bürger als Teil einer Gemeinschaft*

sich auch dessen Schöpfer schon recht früh als Künstler; bereits mit 14 Jahren unterfertigte er selbstbewusst einen Brief mit »Th. Mann. Lyrisch-dramatischer Dichter«. Mit der Arroganz des Feinsinnig-Talentierten, sich von allen anderen abgehoben zu fühlen, hat es bei Tonio jedoch eine eigene Bewandtnis: Denn einerseits möchte er mit der Banalität des Alltäglichen nichts zu tun haben, was nur seine Selbstverwirklichung in die Isolation vorantreibt; andererseits ist ihm dieser Zustand nicht angenehm, da ihm die durch den gesellschaftlichen Anschluss vermittelte Geborgenheit fehlt.

Zweitens: Der Bürger sieht in der praktischen, allgemein anerkannten Tätigkeit seine Sinnerfüllung. Welchen Stellenwert hat dagegen die Leistung eines Künstlers in einer leistungsorientierten, materialistischen Gesellschaft? Ver-

> *Wert bürgerlicher Arbeit*

steht sie seine Arbeit auch als solche? Die Antwort, die Thomas Mann darauf gibt, ist ernüchternd: Im 6. Kapitel wird Tonio mit einem steckbrieflich gesuchten Betrüger verwechselt. Literat und Verbrecher, so bringt es diese anekdotische Episode zu Bewusstsein, sind beide auf ihre Art

Randfiguren der Gesellschaft. Beide werden vom Bürger misstrauisch beäugt. Gleichermaßen gilt aber umgekehrt, dass das Unbürgerliche, ja sogar das Unsolide die Voraussetzung für die künstlerische Produktion ist. Tonios Bericht vom dichtenden Bankier, der auf eine kriminelle Vergangenheit zurückblickt und mit dem sich die Titelgestalt kollegial verbunden fühlt (vgl. 40), zeigt, dass es unmöglich ist, zugleich als Bürger und als Künstler zu arbeiten – und wenn, dann höchstens als Dilettant.

Drittens: Der Bürger sieht sich in der Art seiner Existenz

*Bürgerliche
Selbstgewissheit*

bestätigt, zieht sie nicht in Zweifel. Anders Tonio, der sich nicht in Einklang mit sich selbst sieht. Weil zwei Seelen in seiner Brust wohnen, leidet er an seiner selbst gewählten Stellung. Dem Künstler in ihm stehen nicht allein die anderen reserviert gegenüber, auch der Bürger in ihm tut es.

Trotzdem ist *Tonio Kröger* keine antibürgerliche Novelle. Dazu fehlt eine ebenbürtige, dem Künstlertyp Tonio ge-

*Keine antibürger-
liche Intention*

genübergestellte Kontrastgestalt. Außerdem verliert sich die anfangs radikale Einstellung »voller Spott für das plumpe und niedrige Dasein« (25) im Laufe der Novelle zugunsten einer versöhnlicheren Position. Das, was sich im Erzählten widerspiegelt, ist vielmehr das Grundproblem des Décadent, der glaubt, mit dem Ende des 19. Jahrhunderts auch gleichzeitig das Ende eines vom Bürgertum bestimmten Zeitalters mitzuerleben. Tonio ist davon sowohl abgestoßen als auch angezogen. Er verzichtet auf das Glück der Normalität nicht deshalb, weil er es verachtet, sondern weil dies die Vorbedingung für sein künstlerisches Schaffen ist – ein Gedanke, der das ganze Werk Thomas Manns als ein Leitthema durchzieht.

Tonio Kröger, Tristan und *Die Hungernden*

Das Thema von Künstlertum und Bürgerlichkeit brannte Thomas Mann zur Zeit der Arbeit am *Tonio Kröger* dermaßen auf den Nägeln, dass er es in zwei zeitgleich entstandenen Texten ebenfalls behandelte, die dann alle in derselben Sammlung erschienen: in deren Titelnovelle *Tristan*, wahrscheinlich im Frühjahr 1901 abgeschlossen, und in der kurzen Erzählung *Die Hungernden*, nur einige Tage vor *Tonio Kröger* in Maximilian Hardens Zeitschrift *Die Zukunft* erstmals abgedruckt. Ein vergleichender Blick auf beide Werke lohnt, weil einige Aspekte von *Tonio Kröger* dadurch schärfer konturiert zu Tage treten.

Obwohl *Tristan* im Titel auf Wagners tragisches Musikdrama *Tristan und Isolde* anspielt und selbst einen tragischen Vorfall schildert, ist die Novelle voller Ironie, ein parodistisches Gegenstück zu *Tonio Kröger*, in dem der Gegensatz zwischen Bürger und Künstler ins Karikaturenhafte gesteigert wird. Im Sanatorium »Einfried« lebt der Schriftsteller Detlev Spinell. Dort begegnet er der lungenkranken, zerbrechlichen Gabriele, die von ihrem Gatten, dem Kaufmann Klöterjahn, eingeliefert worden ist. Die Beziehung, die sich zwischen Spinell und Gabriele entspinnt, gipfelt darin, dass diese trotz ärztlichen Verbots am Klavier Passagen aus Wagners *Tristan* intoniert. Die Ekstase ihrer Leidenschaft, die sich in der Musik entlädt, ist zuviel für sie: Sie stirbt zwei Tage später.

Spinell ist – im Gegensatz zu Tonio Kröger – ein lebensuntüchtiger Sonderling, Anfang dreißig, ungesellig und unansehnlich, ein »Jammermensch«[15], der eine einseitige Korrespondenz führt und gerade mal einen Roman geschrieben hat. Herrn Klöterjahn, Gabrieles Gatten, findet Spinell

gemein und hassenswert, obwohl und weil ihm der erd-
verbundene Genussmensch in vielem überlegen ist. Sind
Künstler und Bürger in der Gestalt Tonio Krögers vereint,
so werden sie in *Tristan* als zwei einander ausschließende
Pole dargestellt: zwei extreme Gestalten, die füreinander
nur Verachtung übrig haben.

Als angekränkeltes, nervös überreiztes Wesen ist Gabriele eine dekadente Erscheinung; hinzu kommt, dass sich in
ihr »ein Geschlecht mit praktischen, bürgerlichen und
trockenen Traditionen [...] gegen das Ende seiner Tage noch
einmal durch die Kunst verklärt«[16]. Wie Tonio Kröger, Hanno Buddenbrook oder die Brüder Mann zählt sie zu einer
Generation, die sich von der bürgerlichen Leistungsethik
verabschiedet und stattdessen die Kunst als Lebensform gewählt hat.

In der novellistischen Studie *Die Hungernden* steht ebenfalls ein Literat namens Detlef im Mittel-
punkt. Die Situation, in der er sich befindet,
ist der Tonios im achten Kapitel nicht unähn-
lich: Während eines Theaterballs betrachtet er die ihn um-
gebende Gesellschaft, insbesondere die blonde und blauäu-
gige Lilli und ihren Begleiter, einen ebenso blauäugigen
»kleinen Maler«. Schmerzhaft kommt ihm dabei sein Aus-
gegrenztsein von der Welt zu Bewusstsein: »Wir alle hegen
eine verstohlene und zehrende Sehnsucht in uns nach dem
Harmlosen, Einfachen und Lebendigen, nach ein wenig
Freundschaft, Hingebung, Vertraulichkeit und menschli-
chem Glück.«[17]

Dass einige Passagen und Wendungen wie die »Wonnen
der Gewöhnlichkeit« oder die »süße Trivialität der Rhyth-
men«[18] sich auch in *Tonio Kröger* finden, ist auf die zeitlich
parallele Entstehung beider Texte zurückzuführen. Aller-

Die Hungernden

dings findet am Schluss der *Hungernden* die soziale Komponente eine ungleich stärkere Akzentuierung: Als Detlef nach Mitternacht den Ball verlässt und eine Kutsche besteigen will, bemerkt er, wie er von einer zerlumpten, elenden Gestalt stumm beobachtet wird. Mit dem Gefühl einer geheimen Solidarität fährt er heim, denn auch er sieht sich letztlich als einen »Hungernden«. Freilich ist der Neid des Proletariers auf den Bürger anders begründet als der Neid des Künstlers auf die unbeschwerte Realisierung des Alltags.

7. Autor und Zeit

Kurzbiographie

1875	Thomas Mann wird am 6. Juni in Lübeck geboren.
1894	Abgang vom Gymnasium ohne Abitur; Umzug nach München.
1898	Beginn der Arbeit als Lektor und Korrektor bei der Münchner satirischen Zeitschrift *Simplicissimus*.
1905	Heirat mit der Professorentochter Katia Pringsheim.
1919	Ehrendoktorwürde der Universität Bonn.
1929	Nobelpreis für Literatur.
1933	Beginn der Emigration.
1938	Übersiedlung in die USA und Gastprofessur in Princeton.
1941	Bau eines Hauses in Pacific Palisades, Kalifornien.
1949	Sohn Klaus nimmt sich in Cannes das Leben.
1952	Übersiedlung in die Schweiz.
1955	Tod am 12. August im Züricher Kantonsspital.

In einem ebenso wohlhabenden wie kunstsinnigen Haus aufgewachsen, hätte Thomas Mann, 1875 als zweiter Sohn des Lübecker Senators Thomas Johann Heinrich Mann geboren, eigentlich alle Voraussetzungen für ein solides, nach bürgerlichen Vorstellungen geregeltes Leben mitgebracht. Allerdings bewegte er sich lange Jahre am Rande der verkrachten Existenz.

Kunst und
Karriere

Der junge Thomas war Schulversager: Dreimal blieb er sitzen und vermochte nicht einmal in Deutsch zu glänzen. 1894 verließ er das Lübecker Katharineum noch vor dem

Thomas Mann
Fotografie, 1900

Abitur. Geregelte Arbeiten blieben von geringer Dauer: Eine unbezahlte Stelle als Volontär bei einer Münchner Feuerversicherungsgesellschaft kündigte er 1894 schon nach wenigen Monaten, ebenso währte die Übernahme redaktioneller Arbeiten bei der satirischen Zeitschrift *Simplicissimus* nur kurze Zeit (1898/99). Auch das Militär, das im wilhelminischen Deutschland hohes Sozialprestige garantierte, sah ihn nicht lange: Nach nur zwei Monaten wurde er wegen Sehnenscheidenentzündung aus dem Dienst entlassen (1900).

Umso konsequenter und überzeugter pflegte der junge Thomas sein literarisches Talent, darin seinem um vier Jahre älteren Bruder Heinrich nacheifernd. Das musste auch der Vater schmerzlich zur Kenntnis nehmen, der in seinen beiden Erstgeborenen keine Geschäftsnachfolger sehen konnte und – gleichsam als Kapitulation vor deren künstlerischen Neigungen – testamentarisch die Auflösung der Firma (1894) verfügte.

Schon in der Jugend wurde Thomas Mann von zwei existenziellen Fragen belastet. Die eine war das Verhältnis zu seinem Bruder Heinrich, das er in einem Brief aus dem Jahr 1917 als »das eigentliche, jedenfalls das schwerste Problem« seines Lebens bezeichnete. Auch nachdem der Jüngere den Älteren mit der Publikation seines Romans *Buddenbrooks* (1901) an Erfolg und Anerkennung übertroffen hatte, ließ ihn das Gefühl der Eifersucht nie ganz los. Thomas konnte sich mit den Werken Heinrichs nicht anfreunden, fand sie schlecht und schlampig geschrieben. Dazu kamen politische Differenzen, die im Verlauf des Ersten Weltkriegs zu einer jahrelang andauernden Entzweiung der beiden Brüder führten. Während sich Thomas der patriotischen Begeisterung

Thomas und sein Bruder Heinrich

anschloss, profilierte sich Heinrich weiter als scharfer Kritiker des deutschen Kaiserreiches, vor allem in seinem Essay *Zola* (1915) und im Roman *Der Untertan* (1918).

Ein weiteres Problem stellte für Thomas Mann dessen unterdrückte Homosexualität dar. Die Literatur bot ihm dabei die Möglichkeit, seine Schwärmereien und homoerotisch gefärbten Freundschaften zu verarbeiten und zu verschlüsseln. Die Heirat mit der gebildeten Professorentochter Katia Pringsheim brachte 1905 die Entscheidung für die bürgerliche Normalität. Der Ehe entsprossen zwischen 1905 und 1919 drei Töchter und drei Söhne, die später allesamt eine schriftstellerische beziehungsweise akademische Laufbahn einschlugen.

Homosexuelle Neigungen

In den folgenden Jahren wuchsen Thomas Manns Vermögen und sein Ruhm gleichermaßen. Zu den Einkünften aus seiner regen schriftstellerischen Tätigkeit gesellten sich die regelmäßigen finanziellen Zuwendungen seines Schwiegervaters, Kunstsammler und Erbe eines Eisenbahnmillionärs. Noch vor dem Ersten Weltkrieg hatten die Manns in Bad Tölz ein Landhaus erworben, in München nahe der Isar ließen sie eine Villa errichten. Die Verleihung des Literaturnobelpreises 1929 für *Buddenbrooks* brachte die stattliche Summe von 200 000 Reichsmark.

Hatte ihn seine politische Einstellung während des Krieges eher dem Lager der Rechten zuweisen lassen, so nahm Thomas Mann in den zwanziger Jahren früh und konsequent Stellung gegen die NSDAP. In seinen Essays und Reden trat er für die Weimarer Republik ein. Hitlers Ernennung zum Reichskanzler im Januar 1933 bedeutete für den Dichter daher auch einen gravierenden Einschnitt in sein Leben. Nachrichten über Exzesse in Deutschland bewogen die Familie Mann, die sich gerade im Ausland aufhielt, vorerst nicht in die Heimat zurückzukehren.

Zeit des Exils

Mit dieser Entscheidung verbunden war ein gravierender finanzieller Verlust, denn nur ein Teil des Eigentums konnte aus Deutschland gerettet werden. Die Münchner Villa wurde beschlagnahmt und zweckentfremdet, die SA übernahm Thomas Manns zwei Limousinen. Eine wichtige Geldquelle versiegte, weil Thomas Manns Bücher in Deutschland nicht mehr verkauft wurden.

Im Oktober 1933 fanden die Manns ein neues Zuhause in Küsnacht am Zürichsee. Vom Schweizer Exil aus verhielt sich Thomas Mann zunächst recht vorsichtig gegenüber den neuen Machthabern in Deutschland. Erst 1936 entschloss er sich – vor allem unter dem Einfluss seiner Kinder Erika und Klaus – mit dem Dritten Reich endgültig zu brechen. Wenige Wochen, nachdem Thomas Mann die tschechische Staatsbürgerschaft angenommen hatte, wurde ihm die deutsche aberkannt, ebenso die 1919 verliehene Ehrendoktorwürde der Universität Bonn.

1938 übersiedelte Thomas Mann in die USA. »Wo ich bin, ist Deutschland«, verkündete er selbstbewusst am Beginn seines amerikanischen Exils. Tatsächlich wurde keinem anderen deutschen Schriftsteller in der Emigration eine derart große Aufmerksamkeit zuteil: Von 1938 bis 1940 hielt er Vorlesungen an der Princeton University, 1941 war er Gast von Präsident Roosevelt. Mit zahlreichen Veröffentlichungen, Reden und Lesungen suchte er die Öffentlichkeit, daneben setzte er sich mit seinen finanziellen Mitteln und persönlich für andere Emigranten ein, darunter auch für seinen Bruder Heinrich.

Die Hitler-Diktatur hatte einen großen Keil zwischen

Thomas Mann und Deutschland geschoben. Der Dichter
hieß den Krieg der Alliierten gut und wollte die Deutschen
streng bestraft wissen. Nach der deutschen Niederlage
kehrte er nicht in die Heimat zurück; erst 1949 besuchte er
beide Teile Deutschlands. Als sich das kultur-
politische Klima in den USA Anfang der   *Rückkehr nach*
fünfziger Jahre verschlechterte, wählte er –   *Europa*
seit 1944 amerikanischer Staatsbürger – seinen neuen Wohnsitz wiederum in der Schweiz. Dort starb
er am 12. August 1955 nach einer erfolglosen Thrombose-
behandlung, bis zuletzt aktiv und voller Pläne.

Thomas Mann gilt als einer der großen europäischen Erzähler des 20. Jahrhunderts. Im Grunde blieb er ein konser-
vativer Schriftsteller, der sich radikalen Strömungen und Avantgardismen in der Literatur   *Position*
verschloss und sich lieber in einer ungebro-   *in der Literatur-*
chenen Traditionslinie sah: Goethe und Fon-   *geschichte*
tane, Schopenhauer und Nietzsche, Richard
Wagner. Er thematisierte zwar das Erzählen, stellte es aber
als Voraussetzung seiner Kunst formal nicht in Frage.

Der Umfang von Thomas Manns literarischem Schaffen
ist beeindruckend: acht Romane, 32 kürzere Erzählwerke,
das Schauspiel *Fiorenza*, das Epos *Gesang vom Kindchen*,
Filmentwürfe, Kritiken sowie Essays und Vorträge zu poli-
tischen, kulturellen und autobiographischen Themen. Sein
Leben ist eines der bestdokumentierten in der deutschen Literaturgeschichte, dank der etwa 30 000 erhaltenen Briefe
und seines ausführlichen, aber nicht komplett überlieferten
Tagebuchs.

Verbesserte Möglichkeiten der philologischen Arbeit am
Computer und ein erleichterter Zugang zu den Quellen
nach der deutschen Vereinigung haben das Projekt einer

gründlichen Neuedition der Werke Thomas Manns ab 2001 durch den Fischer-Verlag heranreifen lassen. Die *Große kommentierte Frankfurter Ausgabe* ist auf 38 Bände veranschlagt.

Werktabelle

1898 *Der kleine Herr Friedemann.* Sammlung von sechs Novellen, zugleich Thomas Manns schriftstellerisches Debüt beim Verlag S. Fischer, dem er bis zu seinem Tode treu blieb.

1901 *Buddenbrooks. Verfall einer Familie.* Bei der Veröffentlichung dieses realistisch erzählten Generationsromans waren die Stimmen der zeitgenössischen Kritik noch geteilt, in der Folge begründete das Buch aber den künstlerischen Weltruhm seines Autors. Erzählt werden der wirtschaftliche Abstieg und die wachsende Lebensuntüchtigkeit eines Lübecker Patriziergeschlechts, in dem sich Thomas Manns eigene Familie widerspiegelt. Beeinflusst von Schopenhauer, Nietzsche und Wagner, verarbeitet der Dichter in dem Roman eines seiner Lieblingsthemen, nämlich den Gegensatz zwischen Künstlertum und bürgerlicher Welt. So zieht Christian, der Bruder des Firmenchefs Thomas Buddenbrook, als Lebemann die Welt des Theaters dem Geschäftsleben vor. Hanno, der kränkelnde und sensible Sohn von Thomas, flüchtet sich vor den Herausforderungen des Lebens in die Kunst.

1903 *Tristan. Sechs Novellen.* Die Sammlung stieß auf weitgehend positives, zum Teil sogar begeistertes Echo, wobei die Novelle ***Tonio Kröger*** von den meisten Rezensenten als deren Glanzstück angesehen wurde. – In den Erzählungen des jungen Thomas Mann finden sich gleichermaßen symbolistische und impressionistische Züge wie auch Elemente des Jugendstils, obwohl der Autor keiner dieser Strömungen um die Jahrhundertwende eindeutig zuzurechnen ist. Typische Themen sind Überdruss und Verlust des Lebenssinns, Todessehnsucht und – als Grundthema der Décadence-Dichtung – der Verfall bürgerlicher Lebensform und die Verwirklichung in der Kunst.

1909 *Königliche Hoheit.* Thomas Manns zweiter Roman behandelt die Reifung des Thronerben Klaus Heinrich zu einer verantwortungsbewussten Herrscherpersönlichkeit; zudem wird durch seine Heirat mit einer amerikanischen Millionärstochter sein finanziell angeschlagener Zwergstaat saniert. Wie in *Tonio Kröger* steht wiederum ein isolierter Mensch im Mittelpunkt der Handlung, diesmal in Gestalt eines Monarchen.

1912 *Der Tod in Venedig.* Künstlertum, verbotene Liebe und tödliche Krankheit sind die zentralen Motive dieser wirkungsmächtigen Novelle (1970 Film von Luchino Visconti, 1973 Oper von Benjamin Britten). Der Schriftsteller Gustav Aschenbach wird in Venedig von einer heftigen Leidenschaft zu dem polnischen Knaben Tadzio ergriffen. Obwohl die Cholera in der Stadt wütet, entschließt er sich zum Bleiben und stirbt an der Seuche. Erstmals bei Mann ist die Erzählhaltung vom Mythischen geprägt: Mehrere Gestalten, die einander äußerlich sehr ähneln, figurieren leitmotivisch als Todesboten; Tadzio selbst wird am Ende zu einer Art Todesgenius, der Aschenbach ins Jenseits geleitet.

1918 *Betrachtungen eines Unpolitischen.* Monumentaler kulturkritischer Essay, entstanden unter dem Eindruck des Ersten Weltkriegs.

1924 *Der Zauberberg.* Ursprünglich als heiteres Gegenstück zum *Tod in Venedig* geplant, wuchs das Werk nach zehnjähriger Arbeit zu einem umfangreichen Roman an. Der junge Hans Castorp reist nach Davos, um im Lungensanatorium Berghof seinen kranken Vetter zu besuchen. Aus der geplanten Kurzvisite wird ein Aufenthalt von sieben Jahren, so sehr fesselt die morbide Atmosphäre von Krankheit und Verfall den jungen Mann. Für Hans eröffnen sich dabei neue Welten: einerseits auf privater Ebene in der Beziehung mit der eigenwilligen Russin Clawdia Chauchat, die das Sanatorium nach einer gemeinsamen Liebesnacht verlässt und einige Zeit später mit dem Holländer Peeperkorn zurückkehrt; andererseits auf intellektueller Ebene in den Begegnungen mit dem Aufklärer Settembrini und dem antidemokratischen Ex-Jesuiten Naphta. In einer mythisch grundierten Gegenwelt zum bürgerlichen Alltag entspinnt sich eine Reihe von Dialogen, in denen eine Vielfalt von Bildungskonzepten präsentiert und problematisiert wird.

1930 *Mario und der Zauberer.* Eine Erzählung über einen unglücklich verlaufenden Badeurlaub in Italien, gipfelnd in der tragisch endenden Vorstellung des dämonischen Hypnotiseurs Cipolla – einer Gestalt, die Züge von Volksverführern wie Mussolini und Hitler trägt.

1933–43 *Joseph und seine Brüder.* Bei Thomas Manns längstem Roman handelt es sich eigentlich um einen Zyklus in vier Teilen. Zu diesem ironieumspielten Werk, dem bedeutendsten Beispiel neuerer deutscher Bibelepik, betrieb Thomas Mann umfangreiche Quellenstudien.

1939 *Lotte in Weimar.* Wenn Thomas Manns Gesamtwerk Dokument einer ständigen Auseinandersetzung mit seinem Vorbild und seiner Leitgestalt Goethe ist, dann nirgendwo so konzentriert wie in diesem Roman. Der historisch verbürgte Besuch von Goethes Jugendliebe Charlotte Buff in Weimar (1816) ist Anlass, den Charakter des gealterten Dichters von verschiedenen Blickwinkeln aus zu betrachten. Deutlich wird dabei wieder die Isolation des Künstlers, ein Kernmotiv im Schaffen Thomas Manns. Zudem sollte in den Zeiten der NS-Diktatur ein Roman um Goethe den Blick auf ein anderes, besseres Deutschland lenken.

1947 *Doktor Faustus.* Zugleich fiktive Künstlerbiographie und Analyse der kulturhistorischen Wurzeln und der Vorbereitung des Nationalsozialismus in der deutschen Geschichte, erzählt der Roman das Leben des Komponisten Adrian Leverkühn (1885–1941), das deutliche Parallelen zur Biographie Friedrich Nietzsches aufweist. Verfasst wird dieser Lebensbericht in den letzten Jahren des Zweiten Weltkriegs von einem Erzähler namens Serenus Zeitblom, dessen akademische Betulichkeit mit der Dämonie des von ihm beschriebenen Künstlers kontrastiert. Zwei Zentralmotive Thomas Manns, Krankheit und künstlerisches Schaffen, werden miteinander verschränkt und mit Elementen der Faust-Sage verknüpft: Für den Teufelspakt steht Leverkühns freiwillige Ansteckung mit der Syphilis als stimulierende Voraussetzung seiner Kreativität als genialer Künstler. Indem er der Liebe entsagt, zahlt er den Preis für seine Genialität.

1951 *Der Erwählte.* Im amerikanischen Exil entstanden, fußt der Roman auf dem *Gregorius* des Hartmann von Auc (Ende 12. Jh.). Erzählt wird mit liebevoller, heiterer Ironie eine legendenhafte Geschichte von Schuld, Sühne und Gnade: Das Findelkind Gregorius, von einem Abt gerettet, entstammt der verbotenen Beziehung eines Zwillingspaares und heiratet später unwissentlich seine Mutter. Für diesen doppelten Inzest tut er 17 Jahre lang Buße auf einem Felsen im Meer, schrumpft dabei auf Zwergengröße zusammen, erfährt Vergebung und wird schließlich zum Papst erhöht.

1953 *Die Betrogene.* Thomas Manns letzte Erzählung, deren detaillierte Beschreibung von zwanghafter Erotik und tödlicher Krankheit von den Zeitgenossen als Tabubruch empfunden wurde.

1954 *Bekenntnisse des Hochstaplers Felix Krull.* Ein Schelmenroman, der gleichzeitig Muster des Bildungsromans parodiert, nicht ohne dabei mit zahlreichen Elementen aus der Biographie des Dichters versetzt zu sein. Der Ich-Erzähler, Sohn eines Pleite gegangenen Sektfabrikanten, schlägt sich mit Mut zu gewagten Betrugsmanövern und schauspielerischem Geschick durchs Leben. Sein sozialer Aufstieg gipfelt in seiner Bekanntschaft mit dem Marquis de Venosta, an dessen Stelle er eine Weltreise antritt. – Von den ersten Plänen an, die bis ins Jahr 1905 zurückgehen, beschäftigte sich der Dichter mit Unterbrechungen bis zu seinem Tode mit diesem Roman, den er schließlich unvollendet hinterließ.

8. Rezeption

Die Kritiken, die nach der Publikation des Novellenbandes *Tristan* erschienen, waren sich im Großen und Ganzen darüber einig, dass *Tonio Kröger* sich von den anderen Erzählungen der Sammlung als überdurchschnittlich gedankentiefer und künstlerisch wertvoller Text abhebe. Dadurch avancierte Thomas Mann zu einem Hoffnungsträger für die künftige deutschsprachige Literatur – wohl nicht zuletzt auch durch das auf den Autor umgemünzte Versprechen Tonios am Ende der Erzählung: »Ich werde Besseres machen« (73).

Zu den prominenten Lesern, die sich von Thomas Manns Novelle gefangen nehmen ließen, zählen Franz Kafka, Arthur Schnitzler und Hermann Hesse; Letzterer verfasste für die *Neue Zürcher Zeitung* eine einfühlsame Rezension des ganzen Novellenbandes. Erstmals wurde mit *Tonio Kröger* auch die ausländische Literaturkritik auf den jungen Dichter aufmerksam. 1905 erschien die Novelle auf Dänisch, weitere Übersetzungen folgten.[19] Die weltweite Wirkung der Erzählung beschränkt sich jedoch nicht nur darauf und auf die zahlreichen kommentierten Ausgaben für den Deutschunterricht im fremdsprachigen Ausland; auch bei Autoren aus Frankreich, Polen, Ungarn und den USA lässt sich ihr Einfluss nachweisen.[20] Demgegenüber blieb die Verfilmung aus dem Jahr 1964 mit Jean-Claude Brialy, Matthieu Carrière und Nadja Tiller ohne nachhaltige Wirkung.

Ist es das Geheimnis dieser Novelle, dass sie verschiedene Lesarten geradezu herausfordert? Denjenigen, die an Tho-

Der weltweite Erfolg und seine Ursachen

mas Manns Seelenleben interessiert sind, schenkt sie als Lebensbeichte wie kein zweites seiner Werke einen Einblick in seine Gedankenwelt und intimsten Gefühlsregungen. Diesen Bekenntnischarakter erkannte schon die zeitgenössische Kritik und machte ihn vielfach auch zu einem Kriterium ihrer Beurteilung.

Maßgeblich am Erfolg der Novelle war die Tatsache beteiligt, dass sie als Jugenderzählung der besonderen Art lesbar ist und damit ein spezifisches Identifikationsangebot bereithält:

»Es ist wahr, seit neun Jahrzehnten haben sich unübersehbare Scharen poetisierender Pennäler an dieser ›lyrischen Novelle‹ in Verzückung gelesen. Mancher demütige Jüngling, der heimlich Gedichte schrieb, erkannte sich in Tonio Krögers Hingebung an den eigenen Schmerz. Mancher schaute mit tränenverschleiertem Blick, ganz edler Verzicht, auf seinen Hans Hansen und seine Inge Holm. Mancher sah das eigene Verlangen gern in der tragischen Spannung von ›Leben und Kunst‹ verklärt.«[21]

Konsequenterweise ist Thomas Manns Erzählung für viele Literaten zu einem bestimmenden Lektüreerlebnis ihrer Jugend geworden. Hanns-Josef Ortheil las *Tonio Kröger* in seiner Schulzeit »wie die Urgeschichte des Schriftstellerwerdens«[22] und entschloss sich daraufhin wie deren Verfasser, auf einer Italienreise künstlerische Anregungen zu suchen. »[I]n ihm habe ich mich wiedererkannt«, schreibt der Literaturkritiker Marcel Reich-Ranicki über Tonio Kröger in seinen Lebenserinnerungen:

*Lektüreerlebnis
Tonio Kröger*

»Seine Klage, er sei oft sterbensmüde, ›das Menschliche darzustellen, ohne am Menschlichen teilzuhaben‹, hat mich tief getroffen. Die Furcht, nur in der Literatur zu leben und

vom Menschlichen ausgeschlossen zu sein, die Sehnsucht also nach jener schönen, grünen Weide, die rings umher liegt
und doch unerreichbar bleibt, hat mich nie ganz verlassen.
Diese Furcht und diese Sehnsucht gehören zu den Leitmo-
tiven meines Lebens.«[23]

Zu den größten Bewunderern des *Tonio Kröger* gehörte
freilich Thomas Mann selbst. Rückblickend betrachtete er
die Novelle als einen Wendepunkt seines Schaffens, nicht
ohne die Genugtuung, damit ein Meisterwerk geschaffen zu
haben – »eine Novelle, deren jugendlich lyrischer Schmelz
sich merkwürdigerweise durch ein halbes Jahrhundert
frisch erhalten und im Wechsel der Generationen immer
aufs neue die Sympathie junger Herzen gewonnen hat«[24].

9. Checkliste

Seitenangaben mit vorangestelltem S. beziehen sich auf den Lektüreschlüssel.

1. **Autobiographische Bezüge** Entstehung: S. 5 f. Verarbeitung autobiographischer Details S. 17 ff. Leseerfahrungen Thomas Manns: S. 35 Wirkung der autobiographischen Lesart: S. 55 f. – vgl. auch die Punkte 2 und 8 auf der Checkliste.

2. **Homoerotik in Leben und Werk Thomas Manns** Thomas Manns Homosexualität: S. 18, S. 47 Leiden an der Homosexualität: S. 37 Jugendfreundschaften Thomas Manns als autobiographischer Hintergrund: S. 18 Tonio Krögers Liebe zu Hans Hansen: S. 15 f. Homoerotik in *Der Tod in Venedig*: S. 51

3. **Charakterisierung: Tonio Kröger** Einführung im 1. Kapitel: S. 7 Aussehen: S. 15 Namenssymbolik: S. 12 ff. Lektüreerfahrungen: S. 32 ff. Leid: S. 35 ff. Beziehung zu Hans Hansen: S. 36 Gegentypus zum Bürger: S. 38 ff.

4. **Charakterisierung: Hans Hansen** Kontrastfigur zu Tonio: S. 15 f. Lektürepräferenzen: S. 32 f. Anrede Tonios: S. 13 Entsprechung im 8. Kapitel: S. 10 f., Schaubild S. 24 Entsprechung in der Wirklichkeit: S. 18

5. **Charakterisierung: Ingeborg Holm** Kontrastfigur zu Tonio: S. 7 f., S. 16 Entsprechung im 8. Kapitel: S. 10 f., Schaubild S. 24 fehlender autobiographischer Bezug: S. 18

6. **Charakterisierung: François Knaak** Name und Erscheinungsbild: S. 14 keine Einsicht ins Leid: S. 36 Entsprechung im 8. Kapitel: S. 11, Schaubild S. 24

7. **Literarische Einflüsse** allgemein: S. 49   Goethe: S. 35
   (zu *Werther*: S. 35; zu *Lotte in Weimar*: S. 53)   Schiller:
   S. 33   Storm: S. 33 f.   Schopenhauer: S. 35 ff.   Nietzsche: S. 36, S. 37 f., S. 38, S. 53   Wagner: Leitmotivtech-
   nik (S. 22 ff.), *Tristan und Isolde* (S. 41)

8. **Décadence** Ende bürgerlicher Familien in »Künstler-
   generationen« als Thema in *Tonio Kröger* und *Buddenbrooks* (S. 18 f.) sowie in *Tristan* (S. 42)   Tonio als Décadent: S. 40 f.   Décadence in frühen Erzählungen Thomas Manns: S. 51   »Unbürgerlichkeit« des jungen
   Thomas Mann: S. 44 ff.
   Vgl. auch *Tonio Kröger*, 39:   »Das Reich der Kunst
   nimmt zu, und das der Gesundheit und Unschuld
   nimmt ab auf Erden.«

9. *Tonio Kröger* **als Adoleszenzgeschichte** Probleme Jugendlicher als Zeitthema in der Literatur der Jahrhundertwende: S. 19   Thema Entwicklung: S. 21   Lektüre
   Tonios als Jugendlicher: S. 32 f.   Identifikationsangebot
   für jugendliche Leser: S. 56 f.

10. **Antithetische Bauweise** allgemein: S. 14 f.   Tonios
    Name: S. 11 ff.   Figuren: Tonio und Hans (S. 15 f.),
    Tonio und Inge (S. 16)   Lektüre: *Don Carlos*/Pferde-
    bücher (S. 32 f.)   »Schlafen« und »Tanzen« in Storms
    Gedicht *Hyazinthen* (S. 33 f.)   Tonios Vater: S. 33   Ge-
    gensatz Künstler und Bürger: S. 38 ff.   (zu anderen li-
    terarischen Gestaltungen vgl. S. 41 ff.)

11. **Gefühl** Hoffnungslosigkeit des Sehnens: 15 f. Leid:
    S. 35 ff.   Lektüre als Gefühlsindikator: S. 35   Ver-
    schleiernde Ironie im Werk Thomas Manns: S. 37 f.

12. **Einsamkeit und Isolation** durch den Namen: S. 12 f.
    Tonios vergebliche Sehnsucht nach Hans und Inge:
    S. 15 f.   Spiegelung in der Lektüre: S. 32 f.   Distanz

zum Bürgertum: vgl. Checkliste Punkt 13   Askese als
Scheinlösung: S. 37   sprachliche Realisierung: S. 23
Gestaltung des Themas in anderen Werken Thomas
Manns: *Königliche Hoheit* (S. 51), *Doktor Faustus*
(S. 53 f.)

13. **Distanz zum Bürgertum**   Gegensatz Künstler/Bür-
ger (S. 38 ff.), dennoch keine antibürgerliche Novelle
(S. 40 f.)   leitmotivische Realisierung: S. 23   Künstler
und Verbrecher: S. 13 f., S. 39 f.   Thema in *Buddenbrooks*: S. 50

14. **Künstlertum als Thema in anderen Werken Thomas
Manns**   *Buddenbrooks*: S. 18 f., S. 50   *Tristan*: S. 41 f.
Die Hungernden: S. 42 f.   *Der Tod in Venedig*: S. 51
Lotte in Weimar: S. 53   *Doktor Faustus*: S. 53 f.

10. Lektüretipps

Autor und Gesamtwerk

Harpprecht, Klaus: Thomas Mann. Eine Biographie. Reinbek bei Hamburg 1995. – *Berichtet auf mehr als 2000 Seiten detailliert über Leben und Werk des Dichters.*

Karthaus, Ulrich: Thomas Mann. Stuttgart 1994. – *Ein für Schüler und Studenten konzipierter Überblick aus der Reclam-Reihe »Literaturwissen«. Über »Tonio Kröger«: S. 52–56.*

Koopman, Helmut (Hrsg.): Thomas-Mann-Handbuch. Stuttgart ²1995. – *Das von namhaften Mitarbeitern zusammengestellte, über tausend Seiten umfassende Standardwerk bietet gründliche Informationen zu Person, Werk und Wirkung.*

Kurzke, Hermann: Thomas Mann. Das Leben als Kunstwerk. München 1999. – *Von der Kritik hoch gerühmt wurde diese Biographie, weil sie die »Verzauberung des Leidens und der Leidenschaft in ein großes Werk« (S. 91) in sprachlich wie sachlich beeindruckender Weise untersucht.*

Mendelssohn, Peter de: Der Zauberer. Das Leben des deutschen Schriftstellers Thomas Mann. 3 Bde. Frankfurt a. M. 1997. – *Erstmals 1975 erschienen, erzählen die ersten beiden Bände Thomas Manns Leben bis zum Jahr 1918; der dritte Band – vom Verfasser nicht mehr vollendet – behandelt die Jahre 1919 und 1933 und erschließt das Gesamtwerk durch mehrere Register. Die genaue biographische Darstellung und die Wiedergabe von Quellen haben dabei gegenüber der Textanalyse ein starkes Übergewicht. Zahlreiche Hinweise zu »Tonio Kröger«.*

Schröter, Klaus (Hrsg.): Thomas Mann im Urteil seiner Zeit.
Dokumente 1891–1955. Hamburg 1969. – *Beleuchtet
Werk und Person Thomas Manns in über 160 ausführlich
kommentierten Quellentexten.*

Epoche

Leiß, Ingo / Hermann Stadler: Wege in die Moderne 1890–
1918. München 1997. (Deutsche Literaturgeschichte. 8.) –
*Leicht verständlicher Epochenüberblick mit kurzen Ein-
zelinterpretationen der repräsentativsten Werke, darunter
auch »Tonio Kröger« (S. 183–186).*
Mix, York-Gothart (Hrsg.): Naturalismus – Fin de siècle –
Expressionismus. 1890–1918. München 2000. – *In vierzig
Aufsätzen stellt der siebente Band von »Hansers Sozial-
geschichte der deutschen Literatur« die künstlerische Vielfalt der Jahrhundertwende aus unterschiedlichsten Per-
spektiven dar.*

Tonio Kröger

Textausgabe

Mann, Thomas: Tonio Kröger und Mario und der Zauberer.
Ein tragisches Reiseerlebnis. Frankfurt a. M.: Fischer Ta-
schenbuch Verlag, 2000. (Fischer Taschenbuch. 1381.) –
Nach dieser Taschenbuchausgabe wird zitiert.

Lesung

Mann, Thomas: Tonio Kröger. Gelesen von Will Quadflieg.
– *Entweder erhältlich auf 2 MCs (DG 445 741–4) oder auf
2 CDs (DG 445 741–2).*

Sekundärliteratur

Bellmann, Werner: Erläuterungen und Dokumente: *Tonio
Kröger.* Stuttgart 1983. – *Lese- und Verständnishilfen
durch ausführliche Wort- und Sacherklärungen, Materia-
lien zur Entstehungs- und Rezeptionsgeschichte, Interpre-
tationsansätze sowie durch ein umfangreiches Literatur-
verzeichnis.*

Bräutigam, Kurt: Thomas Mann: *Tonio Kröger.* München
1969. – *Auf die Behandlung der Novelle im Deutschunterricht ausgerichtete Interpretation.*

Kurzke, Hermann: Thomas Mann: *Tonio Kröger.* In: Interpretationen: Erzählungen des 20. Jahrhunderts. Bd. 1.
Stuttgart 1996. S. 38–54. – *Erörtert u. a. das Problem der
verdrängten Homosexualität und die damit verbundenen
autobiographischen Bezüge.*

Reich-Ranicki, Marcel: Eine Jahrhunderterzählung: *Tonio
Kröger.* In: M. R.-R.: Thomas Mann und die Seinen.
Frankfurt a. M. [8]2000. S. 93–108. – *Antithetisch aufgebaut
wie die Erzählung, die sie analysiert; ihre Schwächen
kommen ebenso zur Sprache wie ihre Qualitäten und die
Faszination, die die Titelgestalt als Identifikationsfigur
ausübt.*

Sakurai, Yasushi: *Tonio Kröger* – ein Beispiel der »imitatio
Goethe's« bei Thomas Mann. In: Thomas Mann. Romane

und Erzählungen. Hrsg. von Volkmar Hansen. Stuttgart 1993. S. 68–88. – *Interpretation der Novelle, die sich Thomas Manns Auseinandersetzung mit Goethe als zentralen Bezugspunkt wählt.*

Vaget, Hans-Rudolf: Thomas Mann-Kommentar zu sämtlichen Erzählungen. München 1984. – *Behandelt jede der 32 Erzählungen Thomas Manns unter fünf Aspekten: Worterklärungen, Entstehung, Selbstkommentare, biographischer und historischer Kontext, Wirkung. Zu »Tonio Kröger«: S. 105–122.*

Walser, Martin: Selbstbewußtsein und Ironie. Frankfurter Vorlesungen. Frankfurt a. M. 1981. – *Zu »Tonio Kröger«: S. 82–106. Bekanntes Beispiel aus jüngerer Zeit für eine sehr kritische Einschätzung der Novelle. Walser vermisst darin einen klaren Standpunkt und stellt auch die Ironie Thomas Manns in Frage.*

Wiegmann, Hermann: Die Erzählungen Thomas Manns. Interpretationen und Realien. Bielefeld 1992. – *Zu »Tonio Kröger«: S. 103–117.*

Zimmermann, Werner: Thomas Mann: *Tonio Kröger.* In: W. Z.: Deutsche Prosadichtungen unseres Jahrhunderts. Interpretationen für Lehrende und Lernende. 3 Bde. Bd. 1. Düsseldorf ^{8}1989. S. 100–124. – *Mit Arbeitsaufgaben zur Vertiefung des Textverständnisses.*

Anmerkungen

1 Thomas Mann, *Theodor Storm*, in: Th. M., *Essays*, hrsg. von Michael Mann und Hermann Kurzke, 3 Bde., Bd. 1: *Literatur*, Frankfurt a. M. 1977, S. 94–112, S. 95.

2 Wolfgang Schneider, *Lebensfreundlichkeit und Pessimismus. Thomas Manns Figurendarstellung*, Frankfurt a. M. 1999 (*Thomas Mann-Studien*, 19), S. 51.

3 Thomas Mann, *Lebensabriß*, in: Th. M., *Gesammelte Werke in zwölf Bänden*, Bd. 11: *Reden und Aufsätze 3*, Frankfurt a. M. 1960, S. 98–144, S. 124.

4 Tagebucheintragung vom 6. Mai 1934, in: Thomas Mann, *Tagebücher 1933–1934*, hrsg. von Peter de Mendelssohn, Frankfurt a. M. 1977, S. 410–412, S. 412.

5 G. Keyssner in den *Münchner Neuesten Nachrichten* (5. August 1903); vgl. Werner Bellmann, *Erläuterungen und Dokumente, »Tonio Kröger«*, Stuttgart 1983, S. 64–66, S. 65.

6 Benjamin Bennet, »Casting out Nines. Structure, Parody and Myth in *Tonio Kröger*«, in: *Revue des Langues vivantes* 42 (1976) S. 126–146.

7 Hermann Wiegmann, *Die Erzählungen Thomas Manns. Interpretationen und Realien*, Bielefeld 1992, S. 106.

8 Thomas Mann, *Versuch über Schiller*, in: Th. M., *Essays* 1, S. 201–215, S. 207.

9 Thomas Mann, *Notizbücher*, hrsg. von Hans Wysling und Yvonne Schmidlin, 2 Bde., Bd. 2, Frankfurt a. M. 1992, S. 60f.

10 Vgl. z. B. Brief an Agnes E. Meyer (26. Juli 1941), in: Thomas Mann, *Briefe*, hrsg. von Erika Mann, 3 Bde., Bd. 2: *Briefe 1937–1947*, Frankfurt a. M. 1963, S. 201–203, S. 202.

11 Thomas Mann, *Schopenhauer*, in: Th. M., *Essays*, Bd. 3: *Musik und Philosophie*, Frankfurt a. M. 1978, S. 193–234, S. 194.

12 Tagebucheintragung vom 17. September 1919, in: Thomas Mann, *Tagebücher 1918–1921*, hrsg. von Peter de Mendelssohn, Frankfurt a. M. 1979, S. 303.

13 Friedrich Nietzsche, *Jenseits von Gut und Böse*, in: F. N., *Werke in zwei Bänden*, hrsg. von Ivo Frenzel, Bd. 2, München/Wien ⁵1981, S. 7–173, S. 160.

14 Friedrich Nietzsche, *Zur Genealogie der Moral*, in: F. N., *Werke*, Bd. 2, S. 175–288, S. 242.

15 Thomas Mann, *Tristan,* in: Th. M., *Gesammelte Werke in zwölf Bänden,* Bd. 8: *Erzählungen. Fiorenza. Dichtungen,* Frankfurt a. M. 1960, S. 216–262, S. 257.

16 Ebd., S. 234.

17 Thomas Mann, *Die Hungernden,* in: Th. M., *Gesammelte Werke,* Bd. 8, S. 263–270, S. 265.

18 Ebd., S. 267 u. S. 266.

19 Genauere Informationen über Auflagenzahlen und Übersetzungen entnehme man: Werner Bellmann, *Tonio Kröger* (Anm. 5), S. 71.

20 Vgl. Marcel Reich-Ranicki, »Eine Jahrhunderterzählung: *Tonio Kröger*«, in: M. R.-R., *Thomas Mann und die Seinen,* Frankfurt a. M. ⁸2000, S. 93–108, S. 102 ff.

21 Klaus Harpprecht, *Thomas Mann. Eine Biographie,* Reinbek bei Hamburg 1995, S. 170.

22 Hanns-Josef Ortheil, *Das Element des Elephanten. Wie mein Schreiben begann,* München/Zürich 1994, S. 186.

23 Marcel Reich-Ranicki, *Mein Leben,* München 2000, S. 103.

24 Thomas Mann, [*Vorwort zur ungarischen Ausgabe der Novellen*], in: Th. M., *Gesammelte Werke,* Bd. 11, S. 706–708, S. 708.

Raum für Notizen